Copyright© 2018 by Literare Books International.
Todos os direitos desta edição são reservados à Literare Books International.

Presidente:
Mauricio Sita

Capa:
David Guimarães

Diagramação:
Gabriel Uchima, Lucas Chagas e Natália Parente

Revisão:
Camila Oliveira

Diretora de Projetos:
Gleide Santos

Diretora de Operações:
Alessandra Ksenhuck

Diretora Executiva:
Julyana Rosa

Relacionamento com o cliente:
Claudia Pires

Impressão:
Epecê

Dados Internacionais de Catalogação na Publicação (CIP)
(eDOC BRASIL, Belo Horizonte/MG)

E24   Educação: inovações e ressignificações / Coordenadores Graça Santos, Fabiano Roxo, Maurício Sita. – São Paulo (SP): Literare Books International, 2018.
256 p. : 16 x 23 cm

Inclui bibliografia
ISBN 978-85-9455-036-1

1. Educação. 2. Planejamento educacional. 3. Prática de ensino. I. Santos, Graça. II. Roxo, Fabiano. III. Sita, Maurício.

CDD 370.1

Elaborado por Maurício Amormino Júnior – CRB6/2422

Literare Books International Ltda
Rua Antônio Augusto Covello, 472 – Vila Mariana – São Paulo, SP.
CEP 01550-060
Fone/fax: (0**11) 2659-0968
site: www.literarebooks.com.br
e-mail: contato@literarebooks.com.br

Sumário

1 Inovando o ensino de inglês com rotação e tecnologias
Annie Bittencourt..7

2 Metodologias de aprendizagem ativa
Antônio Carlos Estender..15

3 A evasão no ensino superior:
estratégia para a retenção de alunos
Antonio Guerra Junior...25

4 Cuidados com a Educação Infantil:
garantindo os direitos das crianças hoje e amanhã
Aparecida Arrais Padilha...39

5 Quatro degraus na carreira de um professor(a)
Celso Antunes..47

6 A responsabilidade da educação e seu posicionamento para o futuro
Clarice da Silva Coneglian...53

7 Jogar: uma forma de ressignificar o processo ensino-aprendizagem
Cláudia Bertoni Fittipaldi..61

8 *Coaching* e PNL aplicados na educação e o professor *coach*
Douglas De Matteu, PhD & Dra. Ivelise Fonseca De Matteu........69

9 Desaprender a educação em um mundo sem bússolas
Dr. Clovis Pinto de Castro...83

10 Educação mal educada
Elisabeth Aparecida da Silva & Fabiano Roxo.........................91

11 Orientando quem orienta: a curadoria na educação
Graça Santos...99

12 Drogadição e aprendizagem: um olhar além da interface sujeito/droga
Jair Queiroz..107

13 Inovação e o direito
Jô Antiório..115

14 Inovações e ressignificações: contexto empreendedor brasileiro
João Dilavor...123

15 Será que há uma receita pronta para implementar a Gestão Educacional?
Karla Corrêa..133

16 A importância da educação socioemocional nas escolas
Kathiane Hernandes Nigro..141

17 Aplicação de *Quiz* como estratégia de aprendizagem em aulas de biologia no ensino médio
Manuel Sousa Junior...149

18 De quem é a culpa?
Marlene Caleffo...159

19 Pedagogia sistêmica. Escola e vínculos familiares
Marly Cordeiro..167

20 Encontre saber
Monique Behar Wasserman..173

21 Reaprender para ensinar: metodologias ativas uma nova visão de ensino-aprendizagem
Patrícia Vieira..183

22 Por uma pedagogia intertranscultural
Paulo Roberto Padilha...191

23   Tecnologias da informação e comunicação na escola
Prof. Luciano Alves Nascimento..**199**

24   Mágicas e truques com matemática elementar
Prof. Paulo Trales...**207**

25   Formação docente para a educação profissional:
por que e como fazer?
Sara Rozinda Martins Moura Sá dos Passos............................**217**

26   Desafios da educação no mundo real, digital e sem manual
Sergio Bialski..**225**

27   Jogos empresariais: estímulo ao empreendedorismo
Silvana Herculano & Tania Araújo..**233**

28   A deflagração da campanha:
a partir de hoje vou ler e escrever mais e melhor
Tiago Pellizzaro..**241**

29   Afetividade e cognição: o desejo de aprender
Valéria TReis...**249**

Inovações e ressignificações

1

Inovando o ensino de inglês com rotação e tecnologias

O mundo mudou, o modo como o aluno quer aprender línguas também mudou. Por isso, venho apresentar uma metodologia diferenciada e inovadora que tenho desenvolvido desde fevereiro de 2016, como estudiosa de tecnologias aplicadas ao ensino de línguas. Neste capítulo, você conhecerá uma proposta inovadora para o ensino de línguas com base em três eixos

Annie Bittencourt

Educação

Annie Bittencourt

Diretora pedagógica das escolas CNA Inglês Definitivo em Recife e Olinda e tem 32 anos de experiência na área de ensino de idiomas, com ênfase em Formação de Professores e uso de novas tecnologias na educação. Graduada em Letras com Licenciatura em Inglês e Português. Tem Mestrado em Ciências da Linguagem pela Universidade Católica de Pernambuco, MBA internacional pelo Instituto Português de Administração de *Marketing* – IPAM e especialização em Coordenação Pedagógica pela Faculdade Santa Fé. É *professional coach*, licenciada pela Academia Brasileira de Coaching e pelo *Behavioral Coaching Institute*. Atualmente ministra as disciplinas *Mobile Learning* e Prática de Ensino na Especialização de uso de novas tecnologias para o ensino de línguas estrangeiras na Universidade Católica de Pernambuco. Annie possui quatro obras publicadas como coautora e duas obras registradas junto à Biblioteca Nacional, aguardando publicação.

Contatos
annielbittencourt@gmail.com
Facebook: Annie Bittencourt
Instagram: Annie Bittencourt
(81) 99117-7218 (WhatsApp)

Inovações e ressignificações

Está preparado para ensinar línguas aliando a tecnologia móvel e os aplicativos digitais à rotação em estações em um formato *blended* de ensino?

O processo de aprendizagem no século XXI não pode mais acontecer centrado no professor. O aluno se motiva quando fica curioso e vai buscar/pesquisar as suas próprias descobertas. Este é o único modo capaz de motivar o desenvolvimento do aprendiz deste milênio.

Visando tornar a aula de inglês menos centrada no professor e desenvolver a autonomia do aprendiz de línguas, eu idealizei, a partir de leituras e estudos, um formato de ensinar línguas para adultos, baseado em três eixos fundamentais:

a) cinco estações tecnológicas de aprendizagem combinados ao uso de tecnologia móvel. As cinco são baseadas no conceito de *learning centers* ou estações de aprendizagem fundamentadas nos conceitos das múltiplas inteligências

b) aplicativos gratuitos para o ensino de idiomas ou aplicativos para gravar áudio e vídeo. O acesso a esses *apps* dá-se através das lojas *App Store* ou *Play Store*, encontradas em *Tablets* e *Smartphones.*

c) alguns conceitos do formato híbrido ou *blended* de ensino, unindo as aulas presenciais com o virtual, através de atividades pedagógicas num portal de ensino de inglês.

Minha principal meta com esse formato de ensino era conseguir resultados de aprendizagens mais rápidos e duradouros para o aprendiz, sempre tendo em mente alguns elementos essenciais para a aprendizagem do século XXI.

Esses elementos envolvem as competências dos alunos e dos professores, de seus papéis e estilos de aprendizagem. O design do ambiente, as tecnologias atuais e emergentes, bem como as tendências sociais neste método afetam diretamente no resultado de aprendizagem e na motivação do aluno.

Meu objetivo era criar um formato onde eu pudesse transformar a sala de aula em espaços dinâmicos de aprendizagem com significados. Onde o aluno pudesse, através de atividades dirigidas, ir tornando-se gradativamente autônomo para pesquisar e usar a tecnologia em favor do seu próprio ganho de conhecimentos.

Educação

Aos poucos, fui desenhando uma metodologia no projeto que descrevo a seguir, onde o professor atua como um mestre de cerimonias, guiando o aluno a descobrir a língua alvo através de um sistema que combina aulas presenciais, com práticas e tarefas nas cinco variadas estações de aprendizagem, com atividades *online*, onde o material didático para estudo em casa está baseado em uma plataforma digital de conteúdos, ou seja, um portal de tarefas *online*.

Deste modo, a prática oral é privilegiada em sala de aula, fazendo os aprendizes serem guiados em atividades que os ensinam a buscar a informação que necessitam para dar conta de tarefas comunicativas. O trabalho em duplas de alunos é fundamental, pois um colega pode auxiliar o outro, trabalhando dentro do conceito de par mais desenvolvido descrito por Vygotsky (1998).

A aula inicia-se na estação 01, com todos os alunos e o professor em um só grupo. Usando a lousa digital na primeira estação, o professor contextualiza o assunto e apresenta um diálogo contendo as estruturas comunicativas da lição. Após a apresentação, compreensão e repetição das falas deste diálogo, faz-se uma breve prática oral, muito bem contextualizada, em situações comunicativas.

Por exemplo, em uma aula onde o objetivo linguístico seja ensinar o alfabeto e a soletrar as palavras em inglês, com a pergunta *"how do you spell your last name?"*, o professor contextualiza essa situação comunicativa e apresenta o diálogo com a pergunta e a resposta para a turma.

A: *How do you spell your last name, Sir?*
B: *S-M-I-T-H*

O professor em uma aula tradicional teria que ensinar todas as letras do alfabeto para a turma poder produzir a soletração de seus sobrenomes, não é? Mas nesta metodologia que chamo de Rotação em Estações Tecnológicas De Aprendizagem, os aprendizes são divididos em pares, cada par em uma estação tecnológica de aprendizagem diferente, para irem descobrir a pronúncia das letras do alfabeto. Assim:

   a) **Estação 02:** *Tablets* (Aqui os alunos usam um aplicativo especialmente desenvolvido para ensinar as letras do alfabeto e praticá-las)
   b) **Estação 03:** *Smart TV* (Nesta estação, o professor seleciona um vídeo no *YouTube* que ensina a pronúncia do alfabeto para os alunos assistirem e repetirem)
   c) **Estação 04:** Computadores ligados à *Internet* com fones de ouvido individuais. (Em cabines individuais os alunos vão ser expostos a novos vídeos ou *sites* para ouvir e praticar a soletração de palavras em inglês.

Inovações e ressignificações

Ao término dessa prática nas três estações autônomas de aprendizagem e de feita o circuito de rotação nos três espaços, os alunos terão ouvido e praticado o alfabeto usando diferentes vídeos e aplicativos.

Em seguida, os alunos são convidados para a estação 05, com tapete e almofadas, onde irão, relaxadamente, para as atividades mais autênticas de prática oral, perguntando e respondendo às questões apresentadas na estação 01 do início da aula, sobre eles mesmos, perguntando e soletrando seus próprios nomes.

1. AS CINCO ESTAÇÕES DE APRENDIZAGEM

As estações tecnológicas de aprendizagem criadas por este método fornecem oportunidades aos alunos de aprenderem de forma ativa, fazendo, descobrindo, investigando e envolvido na estação.

Através das tarefas nas estações, observei que o aluno se percebe divertindo-se enquanto aprende.

Estação 01	Uma estação com a lousa digital *touch screen* e 12 cadeiras
Estação 02	A segunda estação é usada para o *Mobile Learning*. O ambiente tem duas mesas em formato de 'C' com dez *tablets*, podendo ser separadas para facilitar a circulação do professor, inclusive no centro das mesas.
Estação 03	A terceira estação está equipada com uma *SmartTV* 3D com acesso à *Internet*. Os alunos ficam sentados em PUFFS para assistir aos vídeos na TV e poderem praticar o que lhes é solicitado pelo professor.
Estação 04	Cabines individuais com computadores ligados à *Internet*, com fones de ouvido também individuais.
Estação 05	Ambiente mais *"relax"*, com almofadas e tapete para o aluno sentar-se mais à vontade para praticar os diálogos e *role plays*. Dependendo da faixa etária do público-alvo, pode-se ter um cabide com vários marionetes e fantoches expostos para as atividades de dramatização.

2. A metodologia de rotação em estações de aprendizagem

A curiosidade é intrínseca ao ser humano e esta move e dá significado ao aprender. Mas infelizmente a educação tradicional, conteudista, não desperta esta curiosidade ou vontade de aprender no aluno.

Então, busquei o conceito de estações de aprendizagem, que desenvolveram-se para o ensino de crianças, mas que com o auxílio das tecnologias, aqui no método que desenvolvi, tomam um escopo muito mais amplo.

As estações ou centros são pequenos espaços na sala de aula, com foco em interesses, motivações diferentes e também levando em consideração os diversificados estágios do desenvolvimento de um aprendiz na aquisição e aprendizagem da língua estrangeira.

As estações convidam os alunos a se envolverem com materiais e equipamentos próprios para a exploração tanto individualmente como em pares ou pequenos grupos.

Não podemos ver essa metodologia como simplesmente ter espaços distintos dentro de uma mesma sala de aula. Mas sim, sendo uma abordagem de ensino que coloca o aluno no centro do processo de aprendizagem, desenvolvendo a sua autonomia no aprender, através do despertar da sua curiosidade natural e com a ajuda de aplicativos móveis para o desenvolvimento das quatro habilidades linguísticas.

3. Onde entra o *blended learning* (ensino híbrido) nisso?

De acordo com Horn & Staker (2015: p. 34), entendemos Ensino Híbrido por qualquer programa educacional formal no qual um estudante aprende, pelo menos em parte, por meio do ensino on-line, com algum elemento de controle do estudante sobre o tempo, o lugar, o caminho e/ou ritmo.

Portanto, este aqui é o típico caso de ensino parte em local físico supervisionado composto pelas estações tecnológicas de aprendizagem e parte em plataforma on-line, que deve ser feito pelo aluno em casa ou fora do ambiente escolar.

Neste escopo, o método aqui descrito gera ao aluno uma experiência de aprendizagem integrada, presencial e virtual (on-line). Lembrando-se que neste virtual (on-line) há um elemento de controle das atividades realizadas pelo estudante.

4. Uso de APPS para a tecnologia móvel

Os aparelhos móveis como os *smartphones* e os *tablets* invadiram a vida das pessoas e as salas de aula. Eles estão em todos os lugares e sempre ligados. Tais aparelhos, quase que do dia para a noite, passam a estar nas mãos de parcela significativa da população mundial.

Apesar desses aparelhos estarem constantemente dentro das

salas de aula, são poucos os educadores que usam-nos em favor do processo de interação e do desenvolvimento da autonomia do aluno. Muitos professores ainda sentem-se inseguros em como lidar com esse fenômeno, de acordo com Hockly & Dudeney (2014, p.03). Para os autores, ainda é incomum encontrar profissionais do ensino que ativamente encorajem seus alunos a usarem os aparelhos móveis na sala de aula, de forma inovadora e criativa.

Segundo Strausser (2012, p.8-10), o uso de ferramentas tais como aplicativos para celulares *smartphones* e/ou *tablets* pode transformar o processo de aprendizagem em algo criativo, interativo, colaborativo, rápido, que expande o conhecimento, oferece oportunidades autênticas de uso da língua alvo, estimula a alfabetização digital, é motivacional, é democrático, faz bem ao meio ambiente, além de ser uma fonte aberta e gratuita de recursos para a aprendizagem.

Assim, com tudo isso em mente, montei um acervo de atividades usando os mais variados aplicativos para desenvolver as habilidades linguísticas dos alunos. Hoje são dezenas de *APPS* que uso para orientar professores a expandir e a motivar seus aprendizes.

5. A rotina da aula

As atividades e materiais em cada estação são cuidadosamente selecionados e preparados de modo que cada aluno seja exposto à sua própria experiência de desenvolvimento apropriada.

Não é possível haver aula sem os cartões, que guiam as atividades/tarefas e conduzem o aluno em cada estação.

Aconselho que as estações sejam sempre trabalhadas em duplas, de modo que um aluno sempre tenha um par mais desenvolvido para compartilhar a descoberta de cada tarefa.

A aula dá suporte a uma rotina que os alunos passam a dominar. Aos poucos os alunos aprendem como explorar e acessar os materiais e as tecnologias, deixando o professor focar sua atenção na observação da performance de cada um.

Ao longo de três semestres de trabalho usando este método, pudemos constatar que os alunos participam ativamente em cada tarefa nas estações. E é visível que o envolvimento de todos é a regra.

6. Agradecimentos

Agradeço ao meu franqueador, CNA Inglês Definitivo, por permitir este meu experimento dentro de uma das minhas unidades franqueadas desde fevereiro de 2016 até hoje. E por seu apoio incondicional, permitindo-nos usar o portal do aluno CNA como plataforma on-line para que o ensino híbrido (*Blended*) pudesse acontecer. O estímulo ao desenvolvimento da nossa criatividade foi fundamental para o sucesso deste projeto.

Educação

Referências

BACICH, Lilian; TANZI NETO, Adolfo & TREVISANI, Fernando de M. *Ensino híbrido: Personalização e tecnologia na educação.* Porto Alegre: Penso, 2015.
CARVALHO, Fábio & IVANOFF, Gregorio. *Tecnologias que educam: ensinar e aprender com tecnologias da informação e comunicação.* São Paulo: Pearson, 2010.
FIORE, Lisa B. *Successful Centers.* California: Shell Education, 2013.
GABRIEL, Martha. *Educ@ar, a (r)evolução digital na educação.* São Paulo: Saraiva, 2013.
GÓMEZ, Ángel I. Pérez. *Educação na era digital.* Porto Alegre: Penso, 2015.
HOCKLY, Nicky & DUDENEY, Gavin. *Going Mobile, Teaching with hand-held devices.* England: Delta Publishing, 2014.
HORN, Michael & STAKER, Heather. *Blended: Usando a inovação disruptiva para aprimorar a educação.* Porto Alegre: Penso, 2015.
LOCKWOOD, Robyn Brinks. *Flip it! Strategies for the ESL classroom.* United States of America: The University of Michigan Press, 2014.
SHARMA, Pete & BARRET, Barney. *Blended Learning.* Macmillan, 2007.
VYGOTSKY, L. S. *A formação social da mente.* Rio de Janeiro: Martins Fontes, 1996.
VYGOTSKY, L. S. *Pensamento e Linguagem.* Rio de Janeiro: Martins Fontes, 1998.

Inovações e ressignificações

2

Metodologias de aprendizagem ativa

Aprendizagem ativa é qualquer atividade que o estudante realize e conduza a uma reflexão sobre o que fez. Essa estratégia tem como principal objetivo desenvolver habilidades de pensamento crítico; processamento de informações; análise; reflexão e questionamento. A aprendizagem ativa ocorre quando o aluno interage ativamente com o assunto em estudo, sendo estimulado a construir o conhecimento, ao invés de recebê-lo de forma passiva, o professor deve atuar como facilitador do processo de aprendizagem e não apenas como fonte única de informação e conhecimento

Antônio Carlos Estender

Educação

Antônio Carlos Estender

Graduação em Administração de *Marketing* (1994) Mestre em Gestão de Negócios (2006). Especialista nas áreas de *Marketing*, Educação, Hotelaria, Administração e Comunicação. Atuou como consultor no Instituto Siegen; sou coeditor e membro do Conselho da Revista Eletrônica do 3º Setor da Universidade Guarulhos; Leciono na Graduação e na Pós-graduação nas áreas de Gestão, tenho vários trabalhos aprovados nas áreas de Educação, Controladoria, Competitividade, *Marketing* e Metodologia. Participei de nove edições do Projeto Rondon. Participei do Sife HSBC Financial Literacy Grant Notification. Coautor de alguns livros e, autor e coautor de vários artigos nas mais diversas áreas como: Gestão de Negócios, Saúde Pública; Veterinária, entre outros temas. Também oriento diversos trabalhos de Iniciação Cientifica; Coordenador de Banca de trabalhos Científicos; parecerista Ad Hoc de várias revistas.

Contatos
estender@uol.com.br
(11) 94844-2752

Inovações e ressignificações

Metodologias Ativas como formas de desenvolver o processo do aprender que os professores utilizam na busca de conduzir a formação crítica de futuros profissionais nas mais diversas áreas. A utilização dessas metodologias pode favorecer a autonomia do educando, despertando a curiosidade, estimulando tomadas de decisões individuais e coletivas, advindas das atividades essenciais da prática social e em contextos do estudante. Para Gonçalves Lima (1994), a tecnologia é muito mais que apenas equipamentos, máquinas e computadores. A organização funciona a partir da operação de dois sistemas que dependem um do outro de maneira variada. Existe um sistema técnico, formado pelas técnicas e ferramentas e utilizadas para realizar cada tarefa. Existe também um sistema social, com suas necessidades, expectativas, e sentimentos sobre o trabalho. Os dois sistemas são simultaneamente otimizados quando os requisitos da tecnologia e as necessidades das pessoas são atendidos conjuntamente. Assim, é possível distinguir entre tecnologia (conhecimento) e sistema técnico (combinação especifica de máquinas e métodos empregados para obter um resultado desejado). (Borges & Alencar, 2014, p. 120). Existem diversas abordagens voltadas para Aprendizagem Ativa, destacamos como principais as que seguem:

PBL - Problem Based Learning (Aprendizagem Baseada em Problemas)
Aprendizagem baseada em problemas é uma abordagem centrada no aluno que os capacita para realizar pesquisas, integrar teoria e prática e aplicar conhecimentos e habilidades para desenvolver uma solução viável para um problema proposto.
O problema deve estar bem definido e de acordo com o nível que os alunos se encontram para não criar frustrações. Os alunos têm a oportunidade para desenvolver habilidades visando o aprendizado.

PBL - Project Based Learning (Aprendizagem Baseada em Projetos)
Estudantes irão investigar profundamente um assunto ou desenvolver uma solução real que irá resultar numa entrega de um estudo, projeto, modelo, apresentação, etc. Os estudantes investigam uma situação real e compartilham os resultados. A metodologia PBL, caracteriza uma estratégia de formação, onde os alunos são confrontados

Educação

com problemas contextualizados e estruturados para os quais se empenham em encontrar soluções significativas, a Aprendizagem Baseada em projetos e que permite desenvolver o pensamento crítico, além de construir soluções mais criativas e por vezes produtivas. O projeto deve ser adequado aos recursos materiais e tecnológicos que os estudantes possuem ou tem acesso. É muito importante que os professores estejam preparados para guiar seus alunos se estes de afastarem muito de seus objetivos iniciais.

TBL - Team Based Learning (Aprendizagem Baseada em Equipes)
É uma abordagem de aprendizagem, em equipes, desenvolvida em três fases: preparação, discussão e aplicação. O trabalho individual é feito extraclasse e o trabalho em grupo é completado em sala. Antes da aula o professor disponibiliza o conteúdo a ser estudado e durante a aula ocorrem as discussões sobre o conteúdo disponibilizado. O ideal é que se apresentem problemas relacionados ao conteúdo trabalhado. A utilização desta abordagem pode ter ou não como finalidade a resolução de um problema valendo nota. A finalidade principal é promover a interação entre estudantes e a discussão entre eles.

Blended Learning
(Aprendizagem Multimeios / Aprendizagem Híbrida)
O objetivo do Blended Learning é promover uma experiência educacional efetiva e eficiente combinando diversas modalidades. Combinar o uso da tecnologia e diversas abordagens pedagógicas com o ensino presencial para atender um objetivo educacional. Essa é uma boa oportunidade para utilização de recursos digitais e para ampliar os horizontes tendo, o professor, a possibilidade de gerenciamento do aluno e do aprendizado. Essa técnica busca ampliar formas de comunicação. Pode-se aqui combinar outras estratégias de aprendizado como *Problem* ou *Project Base Learning*.

Flipped Classroom (Sala de Aula Invertida)
Nessa abordagem o material didático é todo disponibilizado antecipadamente para os alunos que devem estudá-lo previamente em casa. Durante a aula são debatidos apenas os tópicos mais relevantes e resolução de exercícios contextualizados. A tecnologia da informação se traduz nas ferramentas tecnológicas utilizadas em um determinado meio (sistema), representada a partir da existência dos softwares, aplicativos, vídeos e teleconferências, bem como o uso da internet, Walton (1994). Essa metodologia não implica necessariamente em repensar todo o material didático disponível. Apenas algumas alterações deverão ser feitas visando melhorar o entendimento pelos alunos. Nesse contexto, onde praticamente toda a

dinâmica da aula se altera, é essencial capacitar o professor para aplicar o modelo com sucesso.

Durante a passagem pela Universidade, o aluno deve desenvolver além do aprendizado de um determinado conhecimento, habilidades e atitudes que permitam que ele trabalhe em equipe. O desenvolvimento de uma boa comunicação seja de forma oral ou escrita, bem como do gerenciamento adequado do grupo são características fundamentais que permitirão que o futuro profissional desenvolva projetos e saiba se relacionar com seus diversos atores.

Novas formas de ensino-aprendizagem e de organização curricular são implantadas com frequência na perspectiva de integrar a teoria e a prática. As disciplinas e as diferentes profissões nas diversas áreas do saber, além de buscar desenvolver a capacidade de reflexão sobre problemas reais visam à formulação de ações originais e criativas capazes de transformar a realidade social.

Alguns métodos de aprendizagem ativa têm em comum o fato de trabalharem com problemas para o desenvolvimento dos processos de ensino-aprendizagem e valorizarem o aprendizado. A reflexão sobre estes problemas propicia a busca de explicações e soluções. Os conteúdos são construídos pelos estudantes, que precisam reorganizar o material, adaptando-o à sua estrutura cognitiva prévia, para descobrir relações, leis ou conceitos que precisará assimilar.

Em qualquer dos métodos ou estratégias as metodologias ativas promovem a aprendizagem. É essencial que o estudante faça uso de suas funções mentais de pensar, raciocinar, observar, refletir, entender, combinar, dentre outras que, em conjunto, formam a inteligência, segundo a concepção de Pecotche (2011).

Tendo em vista a situação atual se faz necessário reinventar a educação, uma vez que o modelo tradicional de escola, consolidado no século XIX, "tem agora, também, de dar conta das demandas e necessidades de uma sociedade democrática, inclusiva, permeada pelas diferenças e pautada no conhecimento inter, multi e transdisciplinar, com a que vivemos neste início de século 21" (ARAÚJO, 2011, p. 39).

O Ensino deve garantir que a competência investigativa incentive o espírito questionador, a vontade de conhecer o mundo. Uma vez que o indivíduo consiga interagir com esses conhecimentos, compreenderá melhor o mundo a sua volta e consequentemente o universo em que está inserido.

De forma não coordenada, o ensino vem sendo realizado mediante apresentação de conceitos, leis e fórmulas, exercícios repetitivos que apenas estimulam a memorização e automatização. Isto está muito longe da realidade vivenciada pelos estudantes. Via de regra, o ensino é feito através de teorias e abstrações, fugindo de modelos concretos que se baseiam em experimentos reais para desvendar tais abstrações.

Educação

O maior desafio do docente é fazer com que o discente tenha uma participação efetiva nas discussões em sala de aula. A prática pedagógica no deve ser encarada com muita seriedade. Requer posturas e comprometimentos com um processo que eduque para a autonomia do acadêmico, mediado pelo professor. Somente uma educação que tenha como princípio a liberdade, poderá auxiliar na construção de uma sociedade mais humanizada. (DEBALD, 2003, p.1)

Ainda de acordo com Debald (2003), em muitos casos, nota-se que a maior dificuldade não está nos conteúdos apresentados, mas sim na metodologia. O professor não consegue encontrar uma maneira adequada de apresentar os conteúdos, dificultando a aprendizagem.

Quando o conteúdo tem significado e sentido para os estudantes, ele contribuirá para transformação social, para a atuação do aluno na sociedade, ao aplicar o saber ensinado pelo professor, Astolfi (1990), conceitua que:

Na reflexão epistemológica propõe-se um exame da estrutura do saber ensinado: quais são os principais conceitos que funcionam na disciplina, quais relações unem esses conceitos, quais retificações sucessivas de sentido se produzem numa história desses conceitos (quais obstáculos foram levantados em sua estrutura). Esta epistemologia escolar deveria permitir inferir consequências didáticas. (Astolfi, 1990; p.15).

Para Martins (1990; p. 136), "a ação pedagógica do educador deverá ser direcionada no sentido de subsidiar os educandos de uma visão crítica da realidade", as Metodologias Ativas baseiam-se em formas de desenvolver o processo de aprender, utilizando experiências reais ou simuladas, visando às condições de solucionar, com sucesso, desafios advindos das atividades essenciais da prática social, em diferentes contextos (Berbel, 2011 citado por Borges & Alencar, 2014).

Segundo Bordenave e Pereira (1977; p. 68):
Não há um método bom para todos. Como a dinâmica interna de cada aluno é diferente da dos demais, uns encontram desafio e satisfação onde outros acham aborrecimento e frustração. Por sua vez, cada professor é um ser humano com crenças e emoções diversas.

Com esse pensamento em mente, as aplicações de metodologias de aprendizagem ativa tornam-se ferramentas de grande valia. É necessário que cada educador aplique essas metodologias de acordo com seu público. É fundamental, portanto, que o docente tenha conhecimento do maior número possível de técnicas para melhor aplicá-las em cada caso.

Todo professor deve lembrar-se de que tem sempre muito a aprender a respeito do conhecimento que ministra a seus alunos e principalmente da forma como fazê-lo. Conhecer melhor o assunto a ser desenvolvido nas aulas, como esse conhecimento foi produzido, como era pensado por outras pessoas. Conhecer novas técnicas metodológicas, grupos de estudos, reuniões, trocas de observações em classe são oportunidades a serem aproveitadas para o desenvolvimento profissional.

Segundo Martins (1990; p. 57), Comenius, em sua obra Didática Magna, definiu, em 1657, didática como a "arte de ensinar". O ensino, para alguns, é a mera transmissão de conhecimentos. Já para outros ao educar estamos realizando a formação intelectual e moral, a formação da pessoa.

Estudiosos como Dewey (1959), Freire (2009), Rogers (1973), Novack (1999), entre outros, enfatizam, há muito tempo, a importância de superar a educação tradicional e focar na aprendizagem do aluno, envolvendo-o, motivando-o e dialogando com ele. De acordo com Vigotsky (1988), o professor deve ser um mediador no processo de ensino-aprendizagem, propondo aos seus alunos desafios e ajudando na sua resolução. O professor deve atuar propondo atividades em equipe, em que os alunos mais adiantados possam ajudar os que tiverem mais dificuldades.

Pretende-se nesse projeto aprofundar o conhecimento sobre as técnicas de metodologia de aprendizagem ativa, a utilização dessas metodologias tem caráter interdisciplinar, devendo, na medida do possível, utilizar conceitos e fazer uso dessa característica.

Cada uma das metodologias apresentadas será estudada separadamente apresentando-se exemplos de aplicação para os estudantes de nível superior. Por se tratar de tema atual e de grande interesse da comunidade acadêmica, acredita-se que o material que será produzido deverá ser amplamente difundido através de participações em congressos, *workshops* e artigos em revistas.

As Metodologias Ativas baseiam-se em formas de desenvolver o processo de aprendizado, usando experimentos reais ou simulados, objetivando as condições de solucionar desafios oriundos das atividades essenciais da prática social, em diferentes contextos (BERBEL, 2011). Um grande auxílio na aplicação das metodologias ativas é a informática (computadores, internet, celulares, etc.). Segundo Nogueira, Rinaldi e Ferreira, no artigo intitulado "Utilização do Computador como Instrumento de Ensino: Uma Perspectiva de Aprendizagem Significativa" (2000; 517).

A ciência realizada no laboratório requer um conjunto de normas e posturas. Seu objetivo é encontrar resultados inéditos, que possam explicar o desconhecido. No entanto, quando é ministrada na sala de aula, requer outro conjunto de procedimentos, cujo objetivo é alcançar resultados esperados. (BIZZO 2001, p.14).

Segundo Mitre (2008), a utilização de metodologias ativas como recurso didático de ensino-aprendizagem, objetiva alcançar e motivar o estudante, pois quando o aluno é colocado diante de um problema, ele o examina, reflete, contextualiza, critica suas descobertas. Sendo um recurso didático de grande importância, as metodologias ativas, podem favorecer de forma significativa e eficaz, o processo de ensino-aprendizagem.

De acordo com Ausubel (1980), a responsabilidade de aprender é em grande parte do aluno, não importando o método que seja usado ou a dinâmica da aula. A aprendizagem depende primeiramente do esforço e comprometimento do aluno. Ainda segundo Ausubel (1980), o processo de aprendizagem significativa ocorre quando o estudante assimila conhecimento novo na sua estrutura cognitiva. Isto representa um tipo de aprendizagem diferente da aprendizagem automática.

Existem dois aspectos para que ocorra uma aprendizagem significativa (AUSUBEL, 1980, p. 3):

•O estudante precisa utilizar o acervo de aprendizagem significativa, isto é, relacionar novas informações significativamente com sua estrutura de conhecimento existente;
•O aprendizado deve ser potencialmente significativo, isto é, o conteúdo deve ser plausível ou sensível, ou ainda, ser essencial e não arbitrário.

Segundo Mckinney (2010) e Meyers e Jones (1993), a aprendizagem ativa baseia-se no esforço e nas diferenças individuais das pessoas sujeitas ao processo de ensino e aprendizagem.

Para Bonwell e Eison (1991), quando da utilização das metodologias ativas, os estudantes são envolvidos em processos que desenvolvem habilidades como, ler, escrever e discutir, dando ênfase à exploração de suas atitudes.

Blikstein (2010), chama a atenção para: [...] o grande potencial de aprendizagem que é desperdiçado em nossas escolas, diária e sistematicamente, em nome de ideias educacionais obsoletas [...]. É uma tragédia ver, a cada dia, milhares de alunos sendo convencidos de que são incapazes e pouco inteligentes simplesmente porque não conseguem se adaptar a um sistema equivocado (BLIKSTEIN, 2010, p. 3).

Todavia, os conhecimentos para lidar com o mundo físico ficam sem significado se trabalhados de maneira isolada, longe da realidade do estudante. As competências do aprendizado têm mais significado quando empregadas conjuntamente com outras áreas. Dessa forma, elas ganham sentido, e de forma integrada passam a ter significado para o estudante.

O ciclo é iniciado a partir do momento em que é identificado um problema e este precisa de análise. Esse processo de análise é feito pelo próprio pesquisador que está envolvido com a questão. Dessa forma, é planejado o que pode ser melhorado e que ações são necessárias para essa melhoria.

Inovações e ressignificações

A pesquisa-ação segue esse ciclo em todos os processos de análise e se diferencia das outras metodologias por ser o próprio autor que realiza todas essas etapas. Ela pode ser definida como: uma forma de investigação-ação que utiliza técnicas de pesquisa para melhorar uma ação que foi identificada como necessitando de melhoria (TRIPP, 2005).

É necessário pensar a Didática para além de uma simples renovação nas formas de ensinar e aprender. O desafio não reside somente no surgimento ou criação de novos procedimentos de ensino, ou em mais uma forma de facilitar o trabalho do educador e a aprendizagem do educando. Mais do que isso, a Didática tem como compromisso buscar práticas pedagógicas que promovam um ensino realmente eficiente, com significado e sentido para os educandos, e que contribuam para a transformação social.

Referências
ARAÚJO, U. F. *A quarta revolução educacional: a mudança de tempos, espaços e relações na escola a partir do uso de tecnologias e da inclusão social.* Educação Temática Digital, Campinas, v. 12, 2011.
ASTOLFI, J. P.; DELEVAY, M. *A didática das Ciências*; tradução Magda SS. Fonseca. Campinas, SP: Papirus, 1990.
AUSUBEL, D. P. *Psicologia educacional.* 2a. ed. Rio de Janeiro: Rio de Janeiro: Interamericana, 1980.
BERBEL, N. A. N. *As metodologias ativas e a promoção da autonomia de estudantes.* Ciências Sociais e Humanas, Londrina, v. 32, n. 1, p. 25-40, 2011.
BIZZO, N. *Ciências: Fácil ou Difícil?* São Paulo, SP: Ática, 2001.
BLIKSTEIN, P. *O mito do mau aluno e porque o Brasil pode ser o líder mundial de uma revolução educacional.* 2010. Disponível em: http://www.blikstein.com/paulo/documents/books/Blikstein Brasil_pode_ser_lider_mundial_em_educacao.pdf. Acesso em: 05 de abril 2017.
BONWEL, C. C.; EISON, J. A. *Active Learning: Creating Excitement in the Classroom.* 1ª. ed. The George Washington University, One Dupont Circle, Suite 630, Washington: ASHEERIC Higher Education Report. ERIC Clearinghouse on Higher Education, 1991. p. 121. Disponível em: http://eric.ed.gov/?id=ED336049. Acesso em 5 de abril 2017.
BORDENAVE, J. D.; PEREIRA, A. M. *Estratégias de Ensino- Aprendizagem.* Ed. Petrópolis, RJ: Vozes, 1977.
CARRINGTON, A. and GREEN, I. (2007). *Just in time teaching revisited: Using eassessment and rapid e-learning to empower face to face teaching.* In ICT: Providing choices for learners and learning. Proceedings ascilite. Singapore 2007. Disponível em: http://www.ascilite.org/conferences/singapore07/procs/carrington-poster.pdf. Acesso em 5 de abril de 2017.
DEBALD, Blausius Silvano. *A docência no ensino superior numa perspectiva construtivista.* In: Seminário Nacional Estado e Políticas Sociais no Brasil. Cascavel-PR, 2003.
DEWEY, J. Vida e Educação. São Paulo: Nacional. 1959.
FIOLHAIS, C.; TRINDADE, J. *Physics in the computer: the computer as a tool in the edu-*

cation and the learning of physical sciences. Revista Brasileira de Ensino de Física, vol. 25, no. 3, Setembro, 2003. Artigo disponível em: www.sbfisica.org.br. Acesso em 5 abril 2017.

MAIA, C. M.; SCHEIBEL, M. F. *Didática: organização do trabalho pedagógico*. Curitiba: IESDE Brasil S.A. p. 200, 2006.

MARTINS, J. P. *Didática Geral: fundamentos, planejamento, metodologia, avaliação*. 2a. Ed. São Paulo, SP: Atlas, 1990.

Mazur, E. *Peer Instruction: A User's Manual*, Prentice Hall. Harvard, 1997.

MCCREARY, C. L.; GOLDE, M. F.; KOESKE, R. *Peer instruction in the general chemistry laboratory: Assessment of student learning*. Journal of Chemical Education, v. 83, p. 804-810, 2006.

MCKINNEY, K. *Active Learning*. Center for Teaching, Learning & Technology, 2010.

MELO, R,C. *Tópicos de aprendizagem colaborativa aplicáveis ao ensino tecnológico. VIII workshop de pós-graduação e pesquisa do centro Paula Souza. Sistemas produtivos: da inovação à sustentabilidade*. São Paulo, 9 e 10 de outubro de 2013. Disponível em: http://www.cps.sp.gov.br/pos-graduacao/workshop-de-pos-graduacao-e-pesquisa/008-workshop-2013/trabalhos/desenvolvimento_de_tecnologia_e_sistemas/118742_1_13_FINAL.pdf. Acesso em: 5 de abril de 2017.

Kelly, T., Kelly,D. *Confiança Criativa*. Ed. HSM. 2014.

Tripp, D. *Pesquisa-ação: uma introdução metodológica. Educação e Pesquisa*. V. 31, n. 3 p 443-466. Set/Dez, São Paulo, 2005.

MITRE, S. M.I; SIQUEIRA-BATISTA, R.; GIRARDIDE MENDONÇA, J. M.; MORAISPINTO, N. M.; MEIRELLES, C.A.B.; PINTO-PORTO, C.; MOREIRA, T.; HOFFMANN, L. M. Al. *Metodologias ativas de ensino-aprendizagem na formação profissional em saúde: debates atuais*. Ciências e Saúde Coletiva, Rio de Janeiro, v. 13, 2008.

NOGUEIRA, J. de S.; RINALDI, C.; FERREIRA, J. M.; PAULO, S. R. de. *Utilização do Computador como Instrumento de Ensino: Uma Perspectiva de aprendizagem Significativa*. Revista Brasileira de Ensino de Física, vol. 22, no. 4, Dezembro, 2000. Disponível em: www.sbfisica.org.br. Acesso em 5 abril 2017.

PECOTCHE, C. B. G. *Logosofia: Ciência e Método*. São Paulo: Ed. Logosófica, 2011.

ROGERS, C. *Liberdade para Aprender*. Belo Horizonte: Ed. Interlivros, 1973.

VIGOTSKY, L. *Linguagem, desenvolvimento e aprendizagem*. São Paulo: Ícone, 1988. p. 125.

WALTON, R. E. *O uso de TI pelas empresas que obtêm vantagem competitiva, tecnologia de informação*. São Paulo, Atlas, 1994.

Inovações e ressignificações

3

A evasão no ensino superior: estratégia para a retenção de alunos

Já se questionou sobre a questão da evasão no ensino superior? Neste artigo, apresento o cenário brasileiro e as possíveis mudanças para diminuir o número de alunos que abandonam seus cursos

Antonio Guerra Junior

Educação

Antonio Guerra Junior

Profissional com sólida carreira no âmbito educacional atuando na Coordenação dos Cursos de Bacharelado em Administração de Empresas e de Ciências Contábeis na Coordenação dos Cursos Superiores em Tecnologia de Gestão e de Pós-Graduação e na Coordenação dos Cursos Técnicos. Mestre em Administração pela Universidade Municipal de São Caetano do Sul – USCS, Bacharel em Administração de Empresas e Bacharel em Ciências Contábeis, com Mestrado Profissional em Administração das Micro e Pequenas Empresas, MBA em Contabilidade, Especializações em Finanças e Doutorando em Ciências Sociais pela PUC/SP. Atua como membro do Instituto dos Auditores Independentes do Brasil (IBRACON), membro da Associação Nacional dos Executivos de Finanças, Administração e Contabilidade (ANEFAC) e membro da Associação Brasileira de Custos (ABC).

Contato
pucguerra@gmail.com

Inovações e ressignificações

1. INTRODUÇÃO

Conforme o MEC (CENSO-2009) o conceito para evasão é "a saída definitiva do curso de origem sem conclusão ou a diferença entre ingressantes e concluintes".

A evasão é um dos maiores problemas de qualquer nível de ensino e o é, também, no ensino superior, público e privado.

Segundo pesquisa SEMESP (2010): "houve uma evasão recorde nas instituições privadas em 2008: 20,7% nacionalmente, 21,10% no Estado de São Paulo e 24,21% na região metropolitana de São Paulo. Em 2000, 60.843 alunos da grande São Paulo desistiram da faculdade e houve um número de 168.452 desistentes em 2008".

A saída do aluno sem a conclusão dos seus estudos, significa perda social de investimentos e de tempo de todos os envolvidos no processo educativo.

Há um longo caminho a percorrer entre a decisão de prestar vestibular e a inscrição, onde o aluno deverá dispor de um grande investimento pessoal.

Há perdas de natureza econômica para o aluno, uma vez que as recompensas sociais relacionam-se à obtenção do título. Ingressar simplesmente na educação superior não garante o êxito educacional do estudante na carreira profissional.

Essa perda ocorre conforme os desistentes apresentam menor facilidade de atingir seus objetivos pessoais, portanto existirá um número maior de pessoas com formação incompleta no ensino superior do que se poderia ter.

Com isso, todos perdem com a evasão e a perda de alunos ao longo do processo formativo sempre foi motivo de críticas de especialistas e de estudiosos, tendo em vista a dimensão do problema.

As instituições, principalmente as privadas, sofrem ainda mais com a perda de prestigio e com o risco de sustentar uma situação financeira em decadência.

Um estudo do Instituto Lobo para o Desenvolvimento da Educação da Ciência e da Tecnologia divulgou que de 2% a 6% das receitas das IES são dispendidos com campanhas de *marketing* para atrair novos estudantes.

Educação

Para Maria Beatriz (Instituo Lobo-2012) esse é um problema de gestão institucional, tomando como base a evasão do "conjunto dos cursos" onde seus gestores não dão a devida importância na medição dessas questões.

Tinto (1975) e Kember (1995) acreditam que a causa da evasão se dá pela integração mal sucedida na vida social da Instituição e/ou incompatibilidade com as demandas acadêmicas.

Para Rovai (2003) o conceito de evasão se forma por fatores variáveis prévias a admissão (características e habilidade dos alunos) e variáveis por admissão-externa (finanças, horas de trabalho, falta de incentivo) e fatores internos (integração acadêmica, social, autoestima, orientações, etc.).

Mas, segundo as estatísticas, houve um crescimento de Instituições de Ensino Superior, junto também com um crescimento ao longo dos anos de ingressantes educandos nas IES.

Conforme Body & Durham (2000, p. 41) um dos motivos para o crescimento de ingressantes é a constatação de que "existe um grupo de estudantes pobres e paupérrimos que estão ultrapassando barreiras ao longo de suas trajetórias escolares, ingressam e permanecem nas IES públicas, outros motivos são os financiamentos de apoio do governo e de outras instituições".

2. PANORAMA ESTATÍSTICO EM NÍVEL DE BRASIL

A Educação do Ensino Superior no Brasil vem crescendo muito nos últimos 12 anos. Em 2004, as Instituições Privadas representavam 90% do total das instituições e segundo o último CENSO concluído pelo INEP (2013):

> A estatística aponta em todo o território brasileiro a oferta de 32.049 cursos, 7.305.977 matrículas e apenas 991.010 alunos concluintes em Instituições Públicas e Privadas. No período de 2012-2013, a matrícula cresceu 3,8% nas IES privadas e 4,6% nas IES federais, observou-se também um crescimento de 3,9% nos cursos presenciais e 3,6% nos cursos à distância. O nº de ingressantes no período de 2011 a 2013 também cresceu 16,8% nos cursos de graduação, sendo 8,2% na rede pública 19,1% na rede privada. Nos últimos dez anos, a taxa média de crescimento anual foi de 5% na rede pública e 6% na rede privada, já nesse período observou-se uma redução de 5,7% no número de concluintes.

Inovações e ressignificações

Fonte: MEC/Inep-MEC/Capes

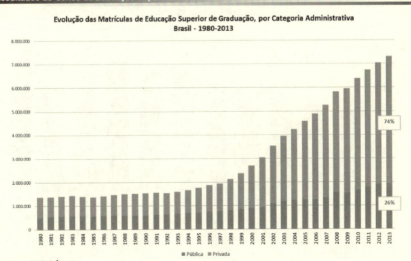

Fonte: MEC/Inep

No período 2012 a 2013 nas IES privadas se concentraram o maior percentual de matrículas: 74% onde supera 7 milhões de matriculados.

Educação

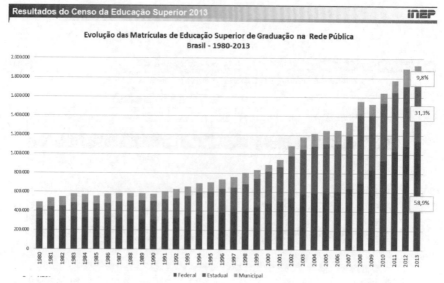

Fonte: MEC/Inep

No período de 2012 a 2013, na rede federal, a matrícula cresceu 4,6% com mais de 58% de matriculados superando 1 milhão de matriculados.

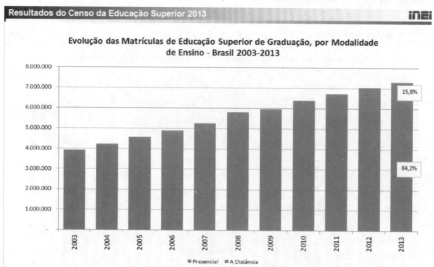

Fonte: MEC/Inep

No período de 2012 a 2013, a matrícula cresceu 3,9% nos cursos presenciais e 3,6% nos cursos EAD. Os cursos a distância superam 15% de matriculados.

Inovações e ressignificações

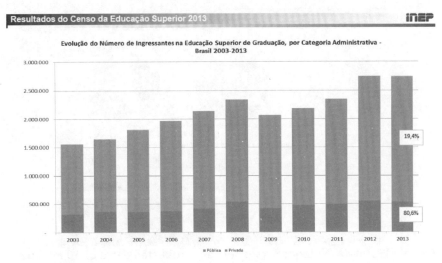

Fonte: MEC/Inep

No período 2011 a 2013, o número de ingressantes cresceu 16,85 nos cursos de graduação. Nos últimos 10 anos a taxa média de crescimento anual foi de 5% na rede pública e 6% na rede privada. Em 2013 a rede privada teve uma participação significativa superior a 19% de ingressantes na graduação e o maior número de 80,6% na rede pública.

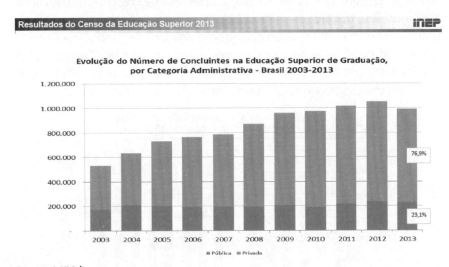

Fonte: MEC/Inep

Entre 2012 e 2013 houve uma redução de 5,7% no número de concluintes, onde mais de 76% de alunos concluintes foram no setor privado.

Educação

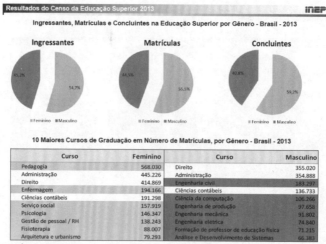

Fonte: MEC/Inep - Nota: os cursos sem as cores estão entre os 10 maiores cursos nos dois gêneros

3. PANORAMA ESTATÍSTICO EM NÍVEL DE ESTADO DE SÃO PAULO

Conforme os dados do INEP (2013) o Estado de São Paulo registrou entre 2010 e 2011 um crescimento de 4,6% de matrículas (1,5 milhões) em cursos presenciais, somando 231 mil IES públicas e 1,3 milhão privadas; um crescimento de 5,2% no número de matrículas em cursos a distância (EAD) com 157 mil matrículas e uma taxa de crescimento em 5,7% atingindo 231 mil alunos matriculados em cursos tecnológicos na rede privada. Mas, há uma evasão considerada natural segundo Ana Cristina (2014) que deve fazer parte do planejamento institucional e que as IES precisam ter um setor responsável pelo combate à evasão com programas e metodologias que apontem índices, causas e soluções.

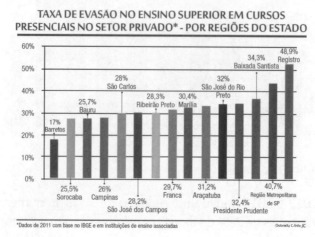

4. EVASÃO NO CURSO SUPERIOR

Segundo Maria Beatriz (Instituto Lobo-2012) podemos resumir de forma didática os principais estudos sobre a evasão, apresentando modos de pensamento de dois psicólogos especialistas no assunto, onde os mesmos dão seu parecer sobre como a origem demográfica e as influências pessoais afetam diretamente nos valores, expectativas e aspirações dos estudantes e influenciam sua decisão de permanecer, ou evadir-se:

> Ajzen (1975) – para o autor as interações diárias são analisadas pelo estudante, agindo conforme o sentido que ele subentende, e pela aceitação, ou reprovação da ideia de que a formação superior é importante para seu futuro.

> Ethington (1990) – elaborou um modelo psicológico em que foram acrescentadas as metas que os estudantes estabeleciam para si próprios

A evasão poderá ser calculada de duas formas (SILVA FILHO, 2007, p.3):

a) Relação de alunos ingressantes num ano e o número de alunos matriculados no ano seguinte, em um determinado curso ou IES;

b) Relação de número de alunos inscritos num determinado curso ou IES e o número de alunos que concluíram o mesmo curso ou IES, decorridos os anos necessários para a conclusão de seu estudo.

5. ALGUNS FATORES RELACIONADOS À EVASÃO

Segundo SEMESP (2010), conforme pesquisa elaborada, diagnosticou-se um dado revelador em 2008:

> A maioria dos alunos evade nos dois primeiros semestres do curso e alguns fatores contribuem para essa evasão como: problemas financeiros, defasagem acadêmica, grande disputa entre as instituições que "desviam" alunos umas das outras, falta de entendimento entre a metodologia dos cursos e os interesses de uma geração sintonizada com a tecnologia. Em uma outra pesquisa é apontado como fator de escolha por uma determinada IES o corpo docente, a estrutura física, as condições financeiras da instituição, a tradição e a qualidade de ensino.

Educação

Para ALFINITO (2002, p. 41) "a proximidade de casa ou trabalho; legado ou *status* da IES; suporte e instalações; preço do crédito ou da mensalidade; avaliação do MEC; cursos e horários disponíveis; aceitação da IES no mercado de trabalho; método de ensino e segurança no campus são fatores muito relevantes para continuar estudando no local".

Quanto às ações do governo para reduzir a evasão nas IES, se compararmos a outros países, com um PIB-Brasil abaixo de 2% nesse segundo trimestre de 2015, percebe-se que são investidos valores irrisórios na educação, onde se dá ênfase apenas à diminuição da desigualdade social, avanço científico e tecnológico para inclusão social e geração de trabalho e renda. Deixando assim, a desejar na questão de manter, preservar e recuperar um aluno que fica indeciso em permanecer ou não no curso.

Segundo Luiz Maurício Valente (Programa de Capacitação para Coordenadores de Cursos) algumas causas de evasão se resumem a: "repetência (desmotivação após reprovação); ausência de orientação vocacional e imaturidade; mudança de curso (aprovação em outra instituição); desprestígio da profissão (desvalorização); horário de trabalho; desmotivação e deficiência da educação básica".

Conforme Maria Beatriz (Instituto Lobo – 2012) a consultoria através de mais de doze anos de pesquisa identificou algumas questões relacionadas à evasão dos alunos, onde afetam os setores público e o privado. Ambos passam por algum fato legal ou de políticas dos Governos Federal, Estadual e Municipais, que diz respeito à qualidade baixa da educação básica, ensino médio com eficiência precária, políticas de financiamento ao estudante com limitações e restrições, alunos com escolha prematura da profissão, dificuldade de locomoção para os estudos, falta de reconhecimento de curso, docentes despreparados e por aí vai.

Cislaghi (2008) destaca: "o abandono da Universidade pode estar relacionado a percepção do aluno sobre a qualidade do curso que frequenta".

Roelo e Pereira (2002) apontam a percepção que os alunos possuem a respeito da competência e capacidades didáticas dos professores.

6. ESTRATÉGIAS PARA COMBATER A EVASÃO

No início do séc. XX o ensino superior brasileiro era voltado para formação de intelectuais nas universidades públicas, depois valorizou-se a educação formadora de mão de obra para o mercado de trabalho. Hoje, com o avanço e a tecnologia, é de suma relevância estimular a criatividade, a interatividade, a reflexão e o envolvimento do aluno na sala de aula e com a comunidade.

Inovações e ressignificações

Essas ações contribuíram para modernizar a educação, com melhorias de ensino e servem como parâmetro para as IES manterem seus educandos, estimulando-os a permanecerem em determinado curso aumentando sua atratividade como uma das formas de combater a evasão.

Outras soluções para esse problema é usar a interdisciplinaridade para o curso se tornar mais atraente para os educandos; conceder descontos e até bolsas de estudo para os alunos que tiverem bom rendimento acadêmico; algumas IES proporcionam programas com crédito próprio e juros mais baixo que os praticados no mercado; ações para promover a integração pessoal, social e acadêmica como: criação de uma gráfica/editora para capacitação profissional dos que necessitam trabalhar; orientação psicológica, etc.

Conforme artigo de Gerson Tontini; Silvana Anita (2010) foi elaborado um estudo/pesquisa na Universidade Regional de Blumenau (FURB) que possibilitou evidenciar, prever e diminuir fatores que influenciaram a evasão, apresentando assim um resultado obtido positivo. Juntamente, a partir do método apresentado, sugeriu-se que as IES poderiam desenvolver estratégias e ações comparadas ao aplicado na universidade citada, para que os alunos permaneçam em seus estudos.

A pesquisa quantitativa realizada foi de caráter descritivo (levantamento) em forma de questionário, que teve sua validação por meio de consulta a especialistas da área e análise de relatórios na FURB de 2005 a 2010.

O questionário foi aplicado via *on-line* em dois semestres consecutivos 2009/1 e 2009/2 e teve como resultado alguns fatores de impacto como: tempo disponível para estudo, colocação profissional, vocação pessoal, problemas financeiros, etc.

No segundo semestre foi feito um levantamento dos alunos propensos à evasão e foram desenvolvidas ações de contato inicial, procurando reduzir a taxa de evasão em torno de 10% por semestre. Informações sobre os alunos em risco de evasão foram repassadas aos coordenadores de cursos que mantiveram contato com esses estudantes.

A ação de contato com esses alunos contribuiu para a redução da evasão em 18% no semestre seguinte, diminuindo de 10,3% para 8,3% o total de evadidos, tornando a redução estatisticamente significativa.

Segundo pesquisas de Maria Beatriz (Instituto Lobo-2012), o Brasil não documenta exemplos de resultados mensuráveis de combate à evasão e baseado em alguns modelos bem-sucedidos divulgados internacionalmente. Exemplos:

Educação

I – Designar um grupo de trabalho responsável por reduzir a evasão, levantando os níveis de motivação dos alunos, estabelecendo programas acadêmicos de integração e recuperação dos alunos novos. Exemplos bem-sucedidos: *Gataway Program* – Universidade do Texas, em Austin, que recuperou alunos insatisfeitos colocando-os ao nível dos demais quanto à evasão e aprovação; e *Freshman Year College* da Universidade da Cidade de Nova York, no Brookling, que passou de uma evasão de 50% para 23% em sete anos.

II – Mensurar as estatísticas, levantando épocas críticas para a evasão e desenvolver ações a partir dos achados. Exemplo bem-sucedido: *Risk Point Intervention Program* da Universidade do Texas em San Antonio, reduzindo de 38% para 31% a evasão em um ano.

III – Definir as causas da evasão, comparando necessidades dos alunos com avaliação dos serviços educacionais, administrativos e comunitários. Exemplo bem-sucedido: *Student Satisfaction Inventory*, do Huntington College, em Indiana, reduzindo taxas de evasão de 50% para 25% em sete anos.

IV – Estimular a visão das IES centrada no aluno, envolvendo coordenadores, professores e colaboradores de maneira insistente com o triunfo e bem-estar do aluno. Todas IES que tem êxito, fazem isso.

V – Transformar o ambiente e o trânsito na IES agradáveis aos alunos, *campus* limpo e arrumado, com boas condições de trabalho e climáticas, também é cultura. Meios de avaliações institucionais comprovam o grau de decepção dos alunos com as condições de muitas IES.

VI – Desenvolver condições que atendam aos objetivos para manter os alunos e não decepcionar os calouros.

VII – Criar programas de aconselhamento aos alunos que sejam eficazes e permanentes. Exemplos bem-sucedidos: *Summer Institute for Academic Achievement* e o *Tutorial Service* da Universidade da Pennsylvania, que teve uma taxa de evasão para os alunos participantes do programa de 20%, até o final do segundo ano, comparados com 69% de outros alunos com dificuldades que não aderiram ao programa.

7. CONSIDERAÇÕES FINAIS

Conforme as pesquisas citadas neste artigo, fica claro que existem diversos fatores que contribuem para as evasões das IES e as análises e propostas de especialistas trazem uma reflexão para as instituições, sejam elas privadas ou públicas, no sentido de estudar, investigar e traçar estratégias para entender as transformações dessa demanda, partindo do princípio de que o problema existe e portanto as políticas educacionais precisam ser revistas e recriadas. Além de que, também, precisam ser estudados os principais motivos que causam essa evasão e priorizar esforços para coordenar equipes comprometidas com a qualidade dos serviços prestados e incentivar a criação de metas e ações preocupadas em solucionar problemas que os futuros discentes possam apresentar.

Podemos citar, como exemplo para a retenção de evasão, a sugestão do artigo de Gerson Tontini e Silvana Anita Walter, onde são apontadas estratégias e ações voltadas à vocação do aluno (reestruturar o currículo do curso, colocando algumas disciplinas práticas no início); colocação profissional (interface empresas x alunos); oferta de aulas de reforço, orientações pedagógicas e técnicas (para alunos despreparados).

Apesar de o governo ampliar o acesso a vagas na educação superior se utilizando de programas como: PNAES (Programa Nacional de Assistência Estudantil), Programa Incluir, Prouni, FIES, SISU, etc. o Ministério da Educação (MEC) não calcula dados de evasão no Censo da Educação Superior, mesmo tendo todas as condições para o fazer.

O governo precisa adotar uma política voltada a qualidade acadêmica, com responsabilidade de uso dos recursos educacionais, monitorando constantemente os resultados obtidos.

Dessa forma, as IES sairão do amadorismo com comprometimento, responsabilidade, planejamento e, a longo prazo, buscarão formas de contribuir com o combate à evasão, à reprovação, à inadimplência, criando propostas sociais, educativas, gerenciando e direcionando essas ações de forma a garantir a manutenção e permanência dessa demanda para reversão desse quadro.

Referências
Censo da educação superior-2013. Ministério da Educação. INEP Acesso em: 12 de jun. de 2015.
CHAVES,I.P. *Pró Reitoria de Ensino, pesquisas e Extensão. Diretoria de Educação a Dis-*

Educação

tância-DED. Orientações para Elaboração de Trabalhos Acadêmicos. Goiânia.Fev/2009.
FILHO,R.L.L.S...[et al.]. *Evasão no Ensino Superior Brasileiro*. Instituto Lobo para Desenvolvimento da Educação, da Ciência e da Tecnologia. Caderno de pesquisa. V.37.n.132,p.641-659.set/dez/2007. Disponível em: <http://www.institutolobo.org.br/imagens/pdf/artigos/art_045.pdf.> Acesso em: 29 de mai. de 2015.
FREY, A.F...[et al.]. *Evasão no Ensino Superior: uma pesquisa numa IES do ensino Privado*. Revista de Humanidade, Tecnologia e Cultura. Faculdade de Tecnologia de Bauru.n.1,- vol.01 – dez/2011.
LOBO, M.B.C.M. *Panorama da Evasão no Ensino Superior Brasileiro: Aspectos Gerais das Causas e Soluções*.Instituto Lobo para Desenvolvimento da Educação, da Ciência e da Tecnologia. Atigo Cientifico publicado no ABMES caderno n.25 – dez/2012. Disponível em: <http://www.institutolobo.org.br>. Acesso em: 28 de mai. de 2015.
Mapa de Ensino Superior no Estado de São Paulo. SEMESP- 2013. Disponível em: <http:- www.semesp.org.br/portal/pdfs>. Acesso em: 10 de jun. de 2015.
País perde R$ 9 bilhões com evasão no ensino superior, diz pesquisador.2011 – Disponível em: <http: g1.globo.com/educação/noticia/2011/02/país-perde-r-9-bilhões-com-evasão-no-ensino-superior-diz-pesquisador.html>. Acesso em: 19 de jun. de 2015.
Principais Ações e Programas de responsabilidade do Ministério da Educação no PPA 2012-2015. Disponível em: <http:portal.mec.gov.br>. Acesso em: 22 de jun. de 2015.
RODRIGUEZ, A. *Fatores de Permanência e Evasão de Estudantes do Ensino Superior Privado*. Artigo científico. Disponível em: <http://revistapucs.br/index.php/caadm/article/download/9009/6620>. Acesso em: 20 de abr. de 2015.
TIGRINHO, L. M. V. *Pode haver decepções, também, quanto às expectativas levantadas em relação à vida universitária, à estrutura e metodologia do trabalho acadêmico, quando o aluno mesmo com pouco conhecimento específico, almeja o exercício da profissão*. Programa de Capacitação para Coordenadores de Cursos. Disponível em: <http://www2.cartaconsulta.com.br/espacodocoordenador/category/artigos/> Acesso em: 21 de abr. de 2015.
TONTINI, G. WALTER, S.A. *Podemos identificar propensão e reduzir a evasão de alunos? Ações estratégias e resultados táticos para instituições de Ensino Superior*. XI Colóquio Internacional sobre Gestão Universitária na América do Sul. II Congresso Internacional IGLU. Artigo científico. Florianópolis-SC.2011. Acesso em: 28 de ago. de 2015.
ZAGO, N. *Do acesso à permanência no ensino superior: percurso de estudante universitário de camadas populares*. UFSC-Programa de Pós-Graduação em Educação. Revista Brasileira de Educação. V.11, n.32 – maio/ago- 2006.

Inovações e ressignificações

4

Cuidados com a Educação Infantil: garantindo os direitos das crianças hoje e amanhã

Crianças são o futuro da humanidade. Mas, para que isso se efetive, é necessário garantirmos que elas, no presente, tenham uma vida digna e que sejam respeitadas em seus direitos. O ECA (1990), mais conhecido e trabalhado dentro e fora da escola, muito pode contribuir para enfrentarmos a violência contra a infância imposta pelo capitalismo, cada vez mais desumano e excludente. Aqui, esta análise é feita no contexto da Educação Infantil

Aparecida Arrais Padilha

Educação

Aparecida Arrais Padilha

Pedagoga e Licenciada em Educação Artística. Trabalha há 32 anos na Prefeitura Municipal de São Paulo, onde é Professora Titular de Ensino Fundamental e de Educação Infantil. É autora do livro *Peixe Voa: a boniteza do olhar infantil* (São Paulo, A.A. Padilha, 2013) e do *E-book* intitulado *30 bonitezas do olhar infantil* (São Paulo, A.A. Padilha 2017). Disponível no site: www.transbordarte2033.com.br

Contato
cidarrais@yahoo.com.br

Inovações e ressignificações

É comum nos depararmos com pessoas de todas as idades afirmando que as crianças são o futuro, o amanhã. No contexto da crise do capitalismo em que hoje vivemos, no Brasil e no mundo, não é nenhum exagero perguntar: haverá futuro para as nossas crianças? Vemos, hoje, uma extrema acumulação da riqueza nas mãos de uma absoluta minoria, ao ponto de cinco famílias controlarem a economia mundial por meio de gigantescas corporações, causando o aprofundamento da desigualdade social, da violência, das guerras, por conta da desumana busca do lucro, promovendo um verdadeiro genocídio como nunca se viu antes no planeta.

Estatísticas não faltam para provar esta constatação: seis milhões de crianças morrem a cada ano por conta da fome e da desnutrição; 63% das crianças dos meios rurais em Moçambique vivem em pobreza extrema; existem mais de 100 milhões de crianças sem escolas, no mundo e, particularmente no Brasil, de acordo com dados do Instituto Nacional do Câncer, divulgados recentemente, 10.000 crianças e adolescentes acima de quatro anos morrem de câncer a cada ano.

No contexto deste artigo, fazendo um recorte relacionado à Educação Infantil, analisaremos como nós, educadoras e educadores, podemos cuidar mais e melhor dessa modalidade de educação e, efetivamente, contribuir, sob alguns aspectos, e desde já, para que as nossas crianças possam viver e conviver mais dignamente as suas existência no presente e, aí sim, plantando a possibilidade de um futuro mais digno e includente.

Esta preocupação vem ao encontro de reflexões relacionadas à educação das crianças que, conforme pudemos manifestar anteriormente, no livro intitulado *Peixe Voa: a boniteza do olhar in infantil* (Padilha, 2013), nem sempre tem conseguido dos adultos, a atenção e o cuidado necessários à infância. Será nessa direção que nos dedicaremos, aqui, a valorizar, por exemplo, o Estatuto da Criança e do Adolescente (ECA), que foi aprovado em Lei nº 8.069, de 13 de julho de 1990, depois de uma longa e histórica luta por direitos no nosso país, dentro e fora da escola.

Educação

Criança, para os efeitos do ECA, conforme estabelece o seu artigo segundo, é a pessoa de até doze anos de idade incompletos. Adolescente é quem possui entre doze e dezoito anos de idade. Em minha trajetória profissional, há 32 anos como professora da rede municipal de São Paulo, tenho trabalhado junto às crianças de creche, do Ensino Fundamental e, nos últimos dez anos, da Educação Infantil. Daí minha ênfase a este nível educacional ao pensar no ECA.

Os diferentes segmentos que trabalham na educação infantil, mesmo em pleno século XXI, poucas vezes participam de processos formativos sobre o ECA, justamente este público que teria grande potencial para ser, ele próprio, formador sobre o tema para familiares e comunidade em geral, contribuindo para a criação virtuosa de uma rede de pessoas e instituições capacitadas para tratar deste tema, pois além de experiências, teriam formação teórica continuada, fundamentadas em reflexões teóricas sobre a prática. Afinal, como nos ensina Paulo Freire (1997), o melhor momento da formação continuada do professor acontece quando ele reflete sobre a sua própria prática.

Este estatuto fala também em "oportunidades e facilidades", ou seja, do que crianças e adolescentes necessitam, efetivamente, para terem uma vida digna e uma educação de qualidade sociocultural e socioambiental. Isso significa que devemos estar atentos, quando educamos e nos educamos com os/as nossos/as alunos, em relação aos seus direitos fundamentais, conforme estabelece o ECA: direito à vida, à saúde, à liberdade, ao respeito, à dignidade, à convivência familiar e comunitária, à família natural ou substituta, à tutela, à doação, ao direito fundamental à educação, à cultura, ao esporte, ao lazer, à profissionalização, à proteção no trabalho, e a todo o tipo de prevenção, proteção e políticas públicas de atendimento que a criança e o adolescente exigem para serem, como defendemos sempre, os cidadãos e as cidadãs, de hoje e do amanhã.

Vejamos, especialmente, o artigo 16 do ECA, quando este fala dos direitos à liberdade das crianças e adolescentes, sobretudo em seus incisos II (opinião e expressão), III (crença e culto religioso), IV (brincar, praticar esportes e divertir-se), V (participar da vida familiar e comunitária, sem discriminação) e VI (participar da vida política, na forma da lei). Igualmente importante é o que lemos no artigo 18, quando este estabelece que "É dever de todos velar pela dignidade da criança e do adolescente, pondo-os a salvo de qualquer tratamento desumano, violento, aterrorizante, vexatório ou constrangedor". Vejamos algumas perguntas que poderiam orientar estas discussões relacionadas ao tema em pauta, visando contribuir com o aprofundamento desta discussão, na escola e, em outros casos, também fora dela.

1. Temos nós, educadoras e educadores, garantido o direito à liberdade de nossas crianças e adolescentes, dentro de nossas escolas e de nossas salas de aula e, por conseguinte, dialogado com elas e respeitado as suas opiniões e expressões? Nesse sentido: temos sabido escutar as suas perguntas com calma, paciência e respeito, na direção de provocarmos reflexões conjuntas para, juntos, encontrarmos as respostas que eles buscam em nós? Ou seja, temos garantido a essência do diálogo, que á a base da amorosidade, se quisermos, de fato, dialogar com eles?

2. A educação no Brasil é laica. Mas, se assim é, por que tantas e tantas vezes a escola reza o "pai nosso que estás no céu", a escola fecha no feriado de Nossa Senhora Aparecida e, raramente, para não dizer nunca, vemos encontros ecumênicos em nossas escolas, nos quais as várias religiosidades poderiam se manifestar de igual para igual – até porque, se nossa educação é laica, não deveria nem poderia reforçar os valores e crenças (apenas) do catolicismo, como todas nós e todos nós educadores e educadoras, já presenciamos várias vezes. O que temos feito para respeitar este preceito do ECA?

3. Nossas escolas têm organizado seu currículo garantindo, efetivamente, que a criança tenha acesso a brincar, a praticar esportes e a divertir-se dentro e fora das escolas? Temos tido, nas nossas escolas, condições infraestruturais e materiais, além de professoras e professores atualizados e bem formados, para trabalharem com os esportes, com as artes, com a educação física numa perspectiva emancipadora, como já foi amplamente discutido e aprovado no atual Plano Nacional de Educação – Lei nº 13.005, de 25 de junho de 2014?

Infelizmente, com a recente aprovação em segundo turno da PEC 55, no Senado Federal, em 13/12/2016, os gastos sociais – especialmente com educação, saúde, cultura e assistência social – , ficaram congelados por 20 anos. Vivemos grande preocupação em relação aos avanços sonhados, planejados e, no contexto atual, já começamos a sentir os efeitos do corte orçamentário para os próximos 20 anos. Grande retrocesso, sem dúvida, fruto da crise econômica capitalista a qual nos referimos anteriormente, que nos exige resistência, criatividade e ação política consistente, trabalhando com consciência crítica a formação da cidadania ativa desde a infância.

Evidentemente, a responsabilidade com a Educação Infantil é do município. Todos sabemos dos históricos limites, no Brasil, em relação à enorme defasagem entre demanda de creches e de escolas de Educação Infantil nos municípios brasileiros. Mas, para mudar isso, seriam necessários estudos detalhados da demanda por creche, pré-escola e educação infantil, exigindo processos sistêmicos e permanentes de planejamento da sonhada expansão. E, sem recursos, agora congelados pela PEC 55, faltarão a estas instituições de acolhimento, cuidado e educação das crianças, as condições mínimas necessárias para que os objetivos e metas do Plano Nacional da Educação, como os princípios e objetivos do Estatuto da Criança e do Adolescente, sejam minimamente cumpridos e alcançados. A pergunta que fica é: mas, afinal, o que ainda pode ser feito?

Paulo Freire (1996) escreveu que ele era esperançoso não por teimosia. Era esperançoso por imperativo existencial, isso significa que nunca podemos deixar de sonhar e de nos organizar para promovermos mudanças, mesmo que em determinados contextos políticos, ou de crise, como agora, quando o medo parece ser maior que a ousadia, e a desesperança teima em visitar as nossas escolas. Não podemos nos deixar abater e, ao contrário disso, consideramos que crise gera oportunidade e que momentos de gravidade geram processos de novas ideias, de ideias grávidas de mudanças.

É fundamental que nós, educadoras e educadores deste país, criemos espaços de participação na escola desde cedo, pois a cidadania se exerce desde a infância. Aprende-se a ser cidadão desde a tenra idade, no diálogo, no conflito, reconhecendo a existência de direitos e responsabilidades, mas de forma a construir relações democráticas e participativas nas escolas e na sociedade, que são aprendizados fundamentais na formação e no desenvolvimento da criança.

Se hoje vivemos num contexto político e econômico desfavorável à própria democracia e à educação mais participativa, isso é mais um convite para que organizemos a participação da criança e do adolescente na vida política do país, na forma da lei, contribuindo para a busca constante da sua dignidade. Isso se faz, no contexto escolar, incluindo as crianças, de forma lúdica, carinhosa, poética, brincante, esportiva, curiosa, artística, criativa e reflexiva, nas atividades da vida cotidiana da própria escola, para que efetivamente possamos contribuir para o desenvolvimento delas com dignidade, com respeito às suas diferenças, com percepção de suas semelhanças culturais (Padilha, 2007; 2012), e dando centralidade à "boniteza do olhar infantil" (Padilha, 2013). Porque as crianças têm também muito a ensinar aos adultos.

Desta forma, estaremos colaborando para a reafirmação da meta número um do Plano Nacional da Educação – Lei 13.005/2014 (2004-2014), que já não foi cumprida, mas que devemos perseguir: "universalizar, até 2016, a educação infantil na pré-escola para as crianças de 4 (quatro) a 5 (cinco) anos de idade e ampliar a oferta de educação infantil em creches de forma a atender, no mínimo, 50% (cinquenta por cento) das crianças de até 3 (três) anos até o final da vigência deste PNE.". E continuaremos trabalhando vigilantes para que o ECA, um dos fundamentos legais do próprio PNE, seja efetivamente conhecido e sirva de referência importante na educação das crianças, que, conforme o artigo 3º do próprio estatuto, estabelece: "a criança e o adolescente devem ter assegurados os direitos fundamentais inerentes à pessoa humana, para que seja possível, desse modo, ter acesso às oportunidades de desenvolvimento físico, psíquico, moral e social, em condições de liberdade e dignidade" (Brasil, 2002).

Referências
BRASIL. *Estatuto da criança e do adolescente*: Lei federal nº 8069, de 13 de julho de 1990. Rio de Janeiro: Imprensa Oficial, 2002.
Brasil. [Plano Nacional de Educação (PNE)]. *Plano Nacional de Educação 2014-2024 [recurso eletrônico]: Lei nº 13.005, de 25 de junho de 2014, que aprova o Plano Nacional de Educação (PNE) e dá outras providências.* – Brasília : Câmara dos Deputados, Edições Câmara, 2014. 86 p. – (Série legislação ; n. 125).
Freire, Paulo. *Pedagogia da autonomia: saberes necessários à prática educativa*. São Paulo, Paz e Terra, 1996.
Padilha, Aparecida Arrais. *Peixe boa: a boniteza do olhar infantil*. São Paulo, A. A. Padilha, 2013.
_____. *30 Bonitezas do olhar infantil*. São Paulo, A. A. Padilha, 2017 (E-book publicado no site: www.transbordarte2033.com.br

Inovações e ressignificações

5

Quatro degraus na carreira de um professor(a)

Quais as diferenças entre um grande professor ou professora de uma professora ou professor comum?

Celso Antunes

Educação

Celso Antunes

Bacharelado e licenciatura: Geografia – especialista em inteligência e cognição. Mestre em Ciências Humanas, Universidade de São Paulo, 1968/1972. Membro da Associação Internacional pelos Direitos da Criança Brincar (Unesco). Embajador de la educacion pela Organización de Estados Americanos. Membro fundador da entidade "Todos pela Educação". Consultor educacional da Fundação Roberto Marinho (Canal Futura). Exército Brasileiro – colaborador emérito. Autor de mais de 180 livros didáticos, editoras: do Brasil, Scipione. ao Livro Técnico e outras. Autor de cerca de 100 livros sobre temas de educação pelas editoras: Vozes, Papirus, Paulus, Loyola, Artmed Rovelle, Ciranda Cultural e outras. Obras traduzidas: Argentina, México, Peru, Colômbia, Espanha, Portugal e outros países.

Contatos
www.celsoantunes.com.br

Inovações e ressignificações

Porque alguns se fazem profissionais requisitados, trabalham em escolas que pagam salários dignos, enquanto outros, muitas vezes com igual titulação acadêmica, não carregam similar prestígio, necessitam ministrar número desumano de aulas semanais para garantirem o singelo pão de cada dia?

Existe, é claro, uma pitada de sorte na vida profissional de cada um. Nem sempre, a qualidade da formação, o esforço do estudo contínuo, a busca por aperfeiçoamento perene tanto no plano da disciplina que leciona, como nos fundamentos de se fazer profissional magnífico, estabelecem uma hierarquia infalível. Em minha longa vida de educador, cruzei com professoras e professores ilimitadamente maravilhosos e distante da boa sorte e outros, ao contrário, com limitações pesadas, mas, ainda assim, trabalhando em boas escolas, acolhendo imerecidamente o respeito que a imensa dignidade dessa profissão requer.

Mas, se esse imponderável fator, de uma certa forma, contribui nessa distinção, penso que outra razão, agora bem mais forte e determinante, pode diferenciar professora ou professores imprescindíveis de outros esmagados pela rotina de serem singelamente classificados como "professáuros". Creio, assim, que essas razões se manifestam de forma unânime quando nos degraus da carreira docente, o professor ou professora vai ao acumular experiência, se transformando pouco a pouco de professor "executor", para professor "consultor" e, mais além, de consultor para "mentor", para finalmente chegar a condição de professor "líder", ou como alguns se auto intitulam "professor *Coach*". Interessante observar que o esforço e a dedicação, muito mais que experiência, constituem as essenciais ferramentas dessa evolução, plausíveis para quem a procura, distante para os que esperam pela loteria da vida. Vamos, assim, a essa distinção:

O professo executor ministra uma boa aula, isto é, leva efetivamente seus alunos a adquirir informações e a transformá-las em conhecimento.

Educação

Sabe com segurança administrar a disciplina em sala de aula e ensina que o que a determina é o cumprimento de regras, não diferentes das que a vida social sempre nos impõe. Conhece com razoável profundidade os conteúdos curriculares que ministra e sabe avaliar o desempenho de seus alunos com justiça e coerência, visando menos "o saber pelo saber", mas a aprendizagem como processo de efetiva transformação não apenas atitudinal, como também comportamental.

Supera-o, ou ele mesmo se supera, quando passa da condição de "Executor" para a de Consultor. Nessa circunstância evoluiu para transformar estratégia única de ensino em modalidades diferentes de aulas, sabe associar o que ensina com conteúdo que seus alunos aprendem em outras disciplinas, trabalha bem as habilidades operatórias de seus alunos e os avalia não apenas pelo que apreenderam, mas por um "ótimo" pessoal (o melhor possível em cada um) a que individualmente poderiam alcançar.

Em estágio mais elevado, e bem mais incomum, destaca-se o professor que soube evoluir e se fazer mentor e, por assim, ser agrega as virtudes inerentes ao consultor por efetivamente trabalhar em equipe e, assim, não se isola do grupo a que pertence e, sobretudo, não permite que seus alunos pensem os conteúdos de uma área sem os relacionar com os que aprendem com as demais áreas.

Mas, o estágio final desses patamares, se alcança quando o professor se efetiva como um verdadeiro líder e transcende os conteúdos específicos das aprendizagens conquistadas pelos alunos para também os fazer líderes, aprendendo a usar o saber para tomar decisões e, finalmente, para sentir-se em autêntico "corpo" com seus colegas. Descobrem, então, que não existem altos desempenhos isolados, estratégias de ensino estáticas, conteúdos conceituais que se afastam da vida que se vive e que cada uma dessas estratégias se espelha em nossas ações.

Percebem e sentem que uma escola que se faz verdadeira não apenas quando ensina, mas ajuda seus alunos a apreender, a se relacionarem afetiva e tecnicamente com o grupo e, assim, transformarem todo o saber conquistado em um efetivo "fazer". Percebem que quando seus alunos deixam a escola conquistaram a certeza de que não apenas possuem muito mais, mas que efetivamente "são" mais, são melhores.

Inovações e ressignificações

A hora mágica do ensino das regras

Existe algo mais fascinante que observar uma criança de seis a dez anos?

Nessa idade, em que não se é mais criança, mas ainda se encontra distante de ser efetivamente adulto, o ser humano ganha aspectos de uma singularidade ímpar e, se humano não fosse, por certo receberia o aplauso de zoólogos e o estudo curioso de antropólogos. Fase da vida em que não é incomum crescer mais de oito centímetros e engordar até três quilos em um só ano, meninos e meninas constituem espetáculos de originalidade indescritível. Falam em profusão atropelando palavras ou mergulham-se em silêncios cismadores e profundos, e em seu caminhar – se não imaginam observados – equilibram-se em beirais, correm e param, apanham tudo que lhes emoldura as passagens, alternam breves corridas com pulos injustificáveis, engolem coisas extravagantes e, surpreendentemente, conseguem até chegar inteiras em casa. Em algumas circunstâncias grudam-se ao celular ou ao computador, em outras se largam inertes e estáticas diante da televisão.

As crianças nessa fase, ou mais especificamente dos sete aos dez anos de idade, apresentam-se no estágio de desenvolvimento cognitivo e habilidades mentais que Piaget denominava "operações concretas", podendo fazer inúmeras coisas que em criança não podiam, e por isso tornam-se tão estranhas e tão fascinantes. Em geral, são agora capazes de operar símbolos da mesma forma como na fase anterior manipulavam objetos. As palavras, os números e as pessoas então, ganham significado especial e se incorporam as suas vidas como jamais antes podia acontecer. Para a vida humana ocorre uma imensa diferença entre a manipulação de coisas e a manipulação de símbolos.

Os números, por exemplo, entre as crianças pequenas alcançam apenas o limite do que percebem e sentem que um não é a mesma coisa que três, mas jamais podem imaginar que cem é mais que quarenta; já a partir da fase operacional concreta conquista-se o senso real dos números. O cérebro que antes divagava entre a certeza concreta do um e do mais que um, ganha direito ao mistério dos milhares e desenvolve convenções fantásticas. Tal como os números, as palavras deixam de se referir a coisas palpáveis e assumem horizontes antes impensáveis. Essa operação cerebral permite todo um novo nível de realizações e a fantasia do amigo secreto, ganha

Educação

contorno de multidões secretas abrindo caminhos para novas aquisições intelectuais e interpessoais. Nesse estágio descobrem a capacidade de operar seguindo regras que representará para todo o sempre a base de todo intercâmbio social duradouro. É a fase em que a ajuda dos pais é bem mais que essencial, é imprescindível.

É chegada a hora maravilhosa de conclamá-las a organizar e combinar "contratos", descobrindo que a maneira ideal e certa de se comportar é toda aquela que obedece às convenções que democraticamente se construiu, que com os pais, com paciência, se aprendeu. O bom adulto, nessa hora, não é apenas o que estabelece limites, mas o que ajuda a criança a construí-lo, não é aquele que a toda hora sabe apenas dizer "não", mas quem encaminha a criança para dizer-se "não". Perder essa oportunidade constitui imperdoável lapso contra a educação e no desenvolvimento da mesma assume a família e a escola a plenitude ilimitada de todo seu valor.

Quando uma criança aprende a construir e dominar as regras, conquista o pensamento silogístico e está pronta para a educação formal, descobrindo que existem regras fonéticas, regras de escrita, regras de aritmética. Aprender regras possibilita poder participar de jogos complexos, criar seus próprios jogos, ordenar as linhas de seu destino. Enfim, saber viver em grupo e assim se tornar realmente uma pessoa. É a oportunidade que os pais jamais podem deixar passar de mostrar, com doçura, mas firmeza, que existe hora para ligar e para desligar a TV, para brincar com jogos eletrônicos ou bonecas, mas também existe hora para parar.

Impossível afirmar que essa é a mais linda fase do pensamento humano, posto que essa beleza é inesgotável em todas as ocasiões, mas seguramente é uma fase admirável que requer professores capacitados e pais pacientes que explorem essa incrível competência mental para construir um ser efetivamente social.

Nessa fase, muitos alunos em uma sala e a impessoalidade de uma aula constitui um crime contra a educação, como crime menor constitui a pressão para aprender depressa, a monotonia de aulas expositivas, a homogeneidade de provas iguais para todos e a presença de adultos que "proprietários de saberes" os transmitem sem direito a exploração da curiosidade. Toda criança necessita do adulto e é nessa fase que desse adulto mais se necessita. É imperioso que compreendamos a criança e possamos assim nos tornar dignos dessa essencial necessidade, da dimensão infinita dessa bela oportunidade que nem sempre percebemos, mas somos intensamente procurados.

Inovações e ressignificações

6

A responsabilidade da educação e seu posicionamento para o futuro

A educação, sempre centrada numa visão acadêmica, norteada por princípios aliados a uma filosofia de ordem autoritária e conteudista, hoje encontra-se desvinculada do contexto atual, por não dar conta de uma clientela plugada numa revolução tecnológica. Há necessidade urgente de ressignificarmos a educação numa visão coerente a essa demanda que o mundo atravessa no momento

Clarice da Silva Coneglian

Educação

Clarice da Silva Coneglian

Graduada em Desenho e Plástica pela Universidade Estadual Paulista (1973), Educação Artística pela Universidade Estadual Paulista (1975), Pedagogia – Licenciatura Plena pela Faculdade de Filosofia, Ciências e Letras de Piraju (1992), Pós-Graduação em "Artes - Educação Artística Aplicada" pela Faculdade de Educação "São Luís" de Jaboticabal – SP (1998), Psicopedagogia pela Faculdade Estadual de Filosofia, Ciências e Letras de Jacarezinho – PR (2005) Professora de Educação Artística na Rede Pública Estadual de 1973 a 1988, Professora nas Faculdades Integradas de Ourinhos 1984 a 2004, Coordenadora Das Faculdades Integradas de Ourinhos de 1985 a 2002; Coordenadora Ensino Fund. II, no Colégio Santo Antônio Objetivo 1995 a 2004. Diretora do Colégio Santo Antônio / Objetivo em Ourinhos/SP 2004 a 2017), mantido pela Fundação Educacional Miguel Mofarrej. Tem experiência nas áreas de: educação e artes, atuando principalmente nos seguintes temas – ensino, escola, o saber, o avaliar, futuro e teoria.

Contatos
www.cscconsultoria.com.br
claricecone@gmail.com
(14) 99745-8703
(14) 3324-4441

Inovações e ressignificações

A educação nunca foi um tema tão polêmico e questionador como nos dias de hoje, isso porque as necessidades no mundo atual estão além do que as escolas atualmente podem e devem oferecer.

A educação não acompanhou a evolução do desenvolvimento necessário às demandas do século atual. Ao contrário, estagnou. Estamos no século XXI, com um modelo educacional do século XIX, não só na visão estrutural, mas também em relação aos programas adotados e postura dos profissionais da área.

A educação focou sempre no raciocínio, hoje sabemos que as realizações são mais importantes. Os conteúdos, que sempre foram massificados, engavetados no cérebro, como se pudéssemos retirá-lo quando necessitados, hoje estão na *Internet*. O ideal seria a junção dos dois, mas nem sempre isso é possível.

O aluno era visto como atendente, nunca houve uma preocupação de um momento para reflexão do por quê ou para que. Hoje o trabalho é intelectual.

Analisando a trajetória da história, tanto na educação quanto na política ou economia, percebemos que tudo decorreu, até hoje, em função de uma necessidade minoritária, procurando atender sempre às expectativas particulares de uma parte da sociedade centrada em uma visão competitiva e individualista e do fazer.

Nunca houve um discurso que versasse a favor de todos, com uma abrangência filosófica, humanística e coletiva que proporcionasse condições de escolarização, trabalho, moradia e posicionamento em igualdade dentro do contexto social político.

Sabemos que são poucas as pessoas que se propuseram a debater uma teoria em favor dos desfavorecidos, dos oprimidos e da inclusão, e muitos foram os obstáculos encontrados ou até perseguidos politicamente. Conhecemos bem de perto estes fatos aqui em nosso país.

Sentimos a urgência de uma mudança neste contexto por percebermos que os alunos estão saindo das universidades sem preparo, visão e noção do mercado de trabalho que surge mediante às inovações tecnológicas atuais.

Educação

Já passamos por um momento de mudanças, quando ocorreu a Revolução Industrial na Europa nos séculos XVIII e XIX, quando houve necessidade de substituir o trabalho até então artesanal pelo assalariado manuseando as máquinas. Foram mudanças radicais, privilegiando alguns em detrimento de cumprir apenas tarefas.

Aquele momento foi importante, mesmo ocorrendo a exploração da mão de obra das mulheres e criança, abriu caminhos para novas conquistas na educação, lembrando que sempre em função de uma minoria, já que mediante às novas tecnologias e ferramentas foi introduzida uma educação tecnicista como solução.

Hoje, estamos atravessando outra revolução, que é a tecnológica que demanda uma facilitação de fronteiras entre as pessoas, já que o seu avanço vem proporcionando toda a interação por meio de um elo entre o eu, nós e todos, porque atualmente isso é uma necessidade indispensável.

Esse momento tornou-se parte de um processo de mudanças e questionamentos, obrigando todos a saírem de sua zona de conforto para adentrarem a um campo de busca, competição, interação, necessitando de um olhar mais amplo, abrangente, visando uma comunicação complexa, interativa e situacional.

Se pensarmos sob o ângulo de qual seria a necessidade mais urgente para prepararmos a atual geração, podemos dizer sem sombras de dúvidas, que é no contexto escolar. Para que isso ocorresse, sabemos que o início seria uma mudança curricular tanto na teoria como na prática. Porém, não basta se não tivermos uma visão mais centrada no sentido de um significado mais amplo e assertivo dentro de um olhar para uma ressignificação na educação, saindo dessa estagnação voltada para o século XIX. Só assim poderemos dar conta das conquistas tecnológicas e utilizá-las em prol da educação, necessárias às demandas deste século.

Quando falamos em ressignificar a educação, temos que ter em mente, em primeiro lugar, uma ressignificação do nosso papel dentro desse contexto mediante a essa revolução digital tecnológica.

Como posso me posicionar na visão do velho e do novo, se o novo, pode estar ultrapassado amanhã?

A velocidade a que caminha essa tecnologia não leva meses, dias, mas segundos! Para permearmos toda essa parafernália temos que estruturar uma mudança interior visando novos paradigmas, estratégias, conhecimentos e imersão total.

Temos que reconhecer: a educação já saiu das quatros paredes. Não é só o que o professor acredita, pois esse conhecimento não é

Inovações e ressignificações

dele, foi adquirido na vivência e é formado por embasamentos acumulados por vários anos. Ele será o mediador, o questionador, e não apenas detentor do conhecimento.

Já o aluno, hoje, traz consigo, além de um histórico de vida mais abrangente que o professor, uma experiência mais ativa e interativa que conquistou através de interações e experiência com a tecnologia e o social.

É fato que algumas podem ser ruins, porém quando embasadas por propostas bem elaboradas dentro de um contexto com objetivos, estratégias, desenvolvidas com limites, regras preestabelecidas, resultarão em pesquisas valiosíssimas facilitando seu desempenho profissional no futuro.

Nesta proposta o professor sai, então, do papel de autor para o de coadjuvante dentro do processo ensino/aprendizagem, mediando o conhecimento que não é único, nem estanque.

Acreditamos que a dificuldade da mediação com essa nova tecnologia, não está centrada nos alunos e sim na visão conteudística, com um fim em si mesmo, atrelado a um compromisso de aprovações nas universidades por meio de provas seletivas. Esta é uma questão que enfrentaremos por mais algum tempo até que encontrem uma maneira mais justa, proporcionando direitos para todos. Nosso papel é muito importante e comprometedor mediante a responsabilidade de oportunizar conteúdos estratégias e atividades reflexivas interativas e reais que os levem a um novo olhar com um indagar pertinentes a situações reais e de direito.

Paulo Freire, grande educador, foi precursor de um discurso a favor de uma educação mais abrangente, digna e favorável a todos. Lembramos que ele deu início a esse questionamento por meio de uma proposta de educação com foco na reflexão, indagação com um contexto real e humanista.

Nessa mesma linha de pensamento, tivemos na década de 30, nos Estados Unidos, John Dewey propondo uma educação voltada para atividades coerentes com a realidade dos alunos que fossem significativas para eles. Tal proposta embasou uma educação emancipadora e interativa.

Será que hoje isso acontece no contexto escolar atual? Estamos de fato adequando esta visão?

Como ressignificar uma educação sem um olhar mais centrado para as necessidades básicas do mundo atual? Como atender essa demanda se somos recessivos a mudanças?

Indo mais além, cito aqui Rubens Alves que posicionava a necessidade da escuta, para repensarmos nossas estratégias dentro do contexto escolar com uma reflexão e uma possível tomada de dire-

Educação

cionamento. Esse grande educador citava também que "As escolas não são gaiolas e, sim, espaços para ensinar o aluno voar".

Hoje, podemos entender que temos que proporcionar ferramentas para esse voo. Como voar se cerceamos todos os meios de comunicação presentes? Devemos, sim, pensar em momentos que possam claro, através de projetos bem elaborados, com objetivos claros, com orientações significativas e visão do todo, permear situações em que os alunos venham a desenvolver e interagir com fatos reais e determinantes que os levem a um pensar e um refletir percebendo assim o verdadeiro valor do conhecimento. E que não é explícito e único e que pode ser reestruturado de forma coerente com evolução das pesquisas. Neste contexto, vemos a teoria de Piaget, quando propõe a interação como processo e que o conhecimento é o sujeito.

Sabemos que dentro da visão política e econômica do país, não são levados em consideração as necessidades básicas da educação e que as bases nunca são ouvidas, ao contrário, sempre as mudanças vem de cima para baixo, atendendo as necessidades de uma minoria em momentos estanques e com ideologias partidárias. Porém, temos que rever este posicionamento participando ativamente com ideias quer sejam consideradas inusitadas ou não, persistindo na valorização desse saber mais elucidaste e necessário no contexto atual.

Como educadores fazemos parte de uma classe um tanto desunida e resistente a mudanças e posicionamentos. Necessitamos sair dessa visão sistêmica egocêntrica para galgarmos novos horizontes, fronteiras, oportunizando não só a nossa classe um espaço mais dominante como também abrindo caminhos para os futuros dirigentes do nosso país. Agora é o momento, a hora de juntarmos nossas forças em prol de uma ideologia que beneficie todos, com direitos de igualdade na elaboração e participação da história da educação no país.

A luta por uma educação melhor e de qualidade torna-se necessário e urgente para que num futuro próximo podermos nos orgulhar de nossa participação nessa revolução. Uma revolução tecnológica digital, com valores claros, significativos e coerentes a necessidade do ser humano perante as classes sociais. Não podemos continuar fazendo o que foi bom para nós, hoje a realidade é outra o desafio da rapidez nos leva adequar mudanças de um pensar e agir diferente, não temos outra escolha.

Nossos jovens necessitam de diretrizes claras, abrangentes e pertinentes as necessidades que farão diferença no desenvolvimento tanto político como econômico do país, como em suas carreiras profissionais.

As 10 competências propostas por Perrenoud viabilizam uma edu-

Inovações e ressignificações

cação mais interativa e pertinente a uma educação justa e necessária: (organizar, administrar, conceber, envolver, trabalhar, participar, informar, utilizar, enfrentar e administrar),

Na época, foi muito mal interpretada e questionada pelos acomodados justificando que só quem estava dentro de uma sala de aula saberia os problemas. Concordo, porém não basta saber e sim solucionar, e para isso teríamos que sair da zona de conforto buscar novos saberes, novas competências com práticas reais.

Lembramos aqui mais uma personalidade que muito tem colaborado com a educação propondo uma visão mais inovadora e questionadora, em uma de suas teorias: Edgar Morin em: Os Setes saberes quando propõe as sete necessidades básicas para a educação. (As cegueiras do conhecimento: o erro e a ilusão; Os princípios de um conhecimento pertinente; Ensinar a condição humana; Ensinar a identidade terrena; Afrontar as incertezas; Ensinar a compreensão; A ética do gênero humano).

Agora pergunto: o que estamos fazendo para colaborar com a educação? Questionamos várias propostas alegando inúmeros empecilhos? Quais são essas necessidades e como podemos trabalhá-las? Queixas são muitas, mas propostas são poucas, e quando a identificamos, não temos coragem para impô-la.

Como não discutirmos um tema de tão grande relevância? Como nos calarmos perante as consequências advindas de uma falta de base educacional?

Caro educador estamos juntos nesta empreitada e dela deveremos sair de cabeça erguida, tendo a certeza que não mediremos esforços em busca de melhoria para a educação, e futuro do país. Não nos interessa se os poderes que a demandam não contribuem, ou quando o fazem não atendem as necessidades reais e sim aos interesses particulares. O que realmente importa é nossa postura e ação dentro desse contexto. Está em nossas mãos fazer a diferença mostrarmos aos alunos uma nova visão e como eles são importantes para o futuro do país. Uma educação não se constrói com poderes, mas com perseverança, dignidade, sabedoria e, sobretudo com direitos de igualdades.

Devemos pensar no futuro, pois hoje os jovens pensam e agem diferentes porque expõem seu ponto de vista com mais segurança, são mais decididos. Eles não querem fazer parte da história e, sim, participar, interagir, são mais questionadores e irreverentes.

Um educador só se realiza quando observa os papéis que

Educação

seus ex- alunos desempenham no contexto social, percebendo os valores, conhecimentos implantados com muito respeito e responsabilidade. Vamos agora participar desse desafio e mostrar uma educação que nossos alunos merecem.

Referências
MORIN, Edgar. *Os setes saberes*. Lisboa, Portugal, 2002.
ALVES, Rubem. *Conversas com quem gosta de ensinar*. Campinas São Paulo 2000.
FREIRE, Paulo, 1921-1997. *A importância do ato de ler*. 46 ed. São Paulo: Cortez, 2005.
LA TAILLE, Yves de;Kohl Marthade Oliveira; DANTAS Heloysa/ Piagett,Vygotsky, wallon: *A teoria psicogênica em discussão*. São Paulo: Summus, 1992.
OLIVEIRA, Ivone Boechat de. *O desafio da educação para um novo tempo*. Rio de Janeiro, 2001.

Inovações e ressignificações

7

Jogar: uma forma de ressignificar o processo ensino-aprendizagem

A sociedade mudou, o homem almejado também, pesquisas sobre desenvolvimento e aprendizagem avançam e apontam a necessidade de se redefinir a forma de ensinar. O jogo pode apresentar-se como um meio interessante para isto, desde que seu uso também seja reconfigurado. Este capítulo analisa o emprego do jogo em sala de aula e suas possíveis contribuições para o processo ensino-aprendizagem

Cláudia Bertoni Fittipaldi

Educação

Cláudia Bertoni Fittipaldi

Doutora e mestre em Educação: Psicologia da Educação pela Pontifícia Universidade Católica de São Paulo. Psicopedagoga pela Universidade São Marcos e Pedagoga pela Universidade São Judas Tadeu. Professora do curso de Pedagogia. Atua na área de Educação, principalmente nos seguintes temas: desenvolvimento, ensino e aprendizagem, teoria histórico-cultural, Psicologia da Educação, Metodologia da Alfabetização, Metodologia do Ensino da Matemática e jogos. Possui artigos publicados pela Fundação Carlos Chagas e revista de Educação da UNG, trabalhos completos publicados em anais da ANPED e PUCSP, bem como resumos publicados em anais de eventos da ANPED, PUCSP e Universidade do Minho (Portugal).

Contato
clabertonifittipaldi@gmail.com

Inovações e ressignificações

O processo ensino-aprendizagem e o sujeito que se almeja

A escola tem sob sua responsabilidade a intencionalidade deliberada de propiciar ao indivíduo a apropriação da cultura. Como fazer isto de forma a alcançar o sujeito atualmente desejado ainda se configura um desafio.

Hoje, não se aspira mais um sujeito que reproduza informações, mas que saiba relacionar conhecimentos, localizar a informação que necessita e utilizá-la nas mais diversas situações, de modo a conseguir resolver o problema que surge. Que seja capaz, ainda, de compartilhar o que sabe, trabalhar em equipe, cooperar..., mobilizando, para isso, conhecimentos, habilidades e atitudes desenvolvidas.

Logo, não condiz mais com este sujeito, que vive em um mundo globalizado e consegue acesso à informação por diferentes meios, uma escola transmissora de informações acumuladas no decorrer da história humana, que o reduz a mero espectador e depositário fiel do que lhe é passado.

É primordial que a escola também se reconfigure, seja um espaço interativo, em que se possa questionar, refletir, discutir e criticar, opondo-se, portanto, àquela educação transmissiva, centrada no professor, denominada por Freire (1975) de "bancária", por buscar depositar o conteúdo na cabeça do aluno e depois sacá-lo em uma prova, tendo como foco apenas o resultado.

Este processo de ensino-aprendizagem tradicional já não atende o sujeito e a sociedade atuais. Faz-se necessário ressignificar e otimizar o processo ensino-aprendizagem, de forma que se torne significativo para seus atores.

Para tanto, é preciso reconhecer que o sujeito não vai à escola desprovido de conhecimentos, visto que, tal como já apontava Vigotski (1934/2009), o sujeito constrói, no dia a dia, generalizações, denominados por ele de conceitos cotidianos – construídos sem intencionalidade, por meio da observação e experiência direta. Cabe a escola articular tais conceitos aos científicos – entendidos pelo autor como generalizações construídas via mediação de outro mais experiente – de forma que os primeiros progridam em direção aos segundos que,

Educação

por sua vez, superarão por incorporação os anteriores, ampliando a compreensão de mundo que o indivíduo tem.

De acordo com a visão vigotskiana, o sujeito com base em seu conhecimento prévio, nos conceitos cotidianos que possui, atribui sentido para aquilo que vivencia. Levá-los em consideração é essencial para que o professor possa fazer intervenções adequadas, pois é no compartilhar de sentidos (hipóteses particulares apoiadas nas experiências de cada um) e significados (públicos, sociais) que o sujeito internaliza, ou seja, reconstrói para si o significado do conhecimento produzido socialmente.

Muito embora neste compartilhar de sentidos e significados, Vigostki (1934/2009) privilegie a linguagem, dentre os instrumentos simbólicos de mediação, vale ressaltar que para ele, a simples transmissão de informações não possibilita ao aluno a internalização da cultura: a significação de algo só pode ser realizada pelo próprio indivíduo ao articular com sua experiência e conhecimentos já elaborados, de forma a promover a reestruturação conceitual.

Assim, para que o conceito científico seja formado, ele não poderá ser simplesmente exposto, é necessário problematizar o conteúdo a ser trabalhado na escola, desafiar o aluno a buscar uma solução para o que se apresenta.

Ao se empregar problemas no processo de ensino-aprendizagem o aluno assume um papel ativo e interativo, não sendo apenas receptor de informações, visto que é instigado a mobilizar diferentes conceitos, habilidades e atitudes, de acordo com a situação apresentada.

Ainda, possibilita-se ao professor identificar o nível de desenvolvimento real (NDR) – denominação dada por Vigotski (1930/2007) à solução de problemas, independente de auxílio de terceiros – e, o nível de desenvolvimento proximal (NDP), caracterizado pela solução de problemas com o auxílio de alguém mais experiente.

A atuação do professor se dará entre esses níveis, que o referido autor chamou de zona de desenvolvimento proximal (ZDP), espaço interativo em que é possível intervir de forma a possibilitar a aprendizagem e o desenvolvimento.

> Vygotsky dá ênfase à criação de zonas de desenvolvimento próximo (espaços interativos), nas quais as crianças aprendem ativamente a usar e ampliar suas habilidades, colocando-as a serviço da internalização que acontece durante a interação. Nesse caso, o papel do professor está em orientar a direção do aprendizado de seus alunos e escolher

> instrumentos de mediação necessários para que gradativamente assumam o controle completo da atividade, atingindo, assim, o nível de desenvolvimento proximal (CARVALHO, 2002, p. 116-117).

Neste contexto, entende-se que o jogo pode ser um instrumento pedagógico interessante para promover mudanças na forma de pensar, sentir e agir, ao colocar para o aluno um problema, desafiar-lhe a buscar uma solução.

O jogo como recurso de mediação e contexto de interação

Em pesquisas anteriormente realizadas (FITTIPALDI, 2007; BERTONI, 2002) verificou-se que o jogo com regras explícitas, ao propor ao aluno um problema, exige-lhes uma reflexão sobre os dados disponíveis e sobre por que, como e quando realizar as jogadas. Requer, ainda, que o aluno mobilize conceitos, habilidades e atitudes a fim de resolvê-lo, sempre atento às regras do jogo.

No entanto, apenas seguir as regras do jogo não basta. De acordo com a ótica vigotskiana, ao jogar é preciso também, antecipar (imaginar) situações que ele ou o adversário experienciará; além de prestar atenção nas jogadas que o adversário realiza e, reelaborar a significação da ação do outro, para que possa também imitá-la, ou seja, reconstruir para si aquilo que aprendeu com os outros, de acordo com esta perspectiva.

Sob este aspecto, o jogo também parece contribuir para formar o homem que hoje se almeja, visto que ao seguir as regras; ao imaginar e imitar, características de todo jogo, de acordo com Vigotski (1930/2007), o aluno desempenha um papel ativo, interativo, reflexivo, crítico; atua de forma a buscar e encontrar soluções para os problemas que se apresentam, bem como justificar as escolhas feitas.

Pelas jogadas que o aluno realiza, constatou-se, ainda, que é possível ao professor: a) apreender a lógica do raciocínio do aluno; b) identificar e analisar o que levou o aluno a acertar ou a errar; c) verificar como o aluno faz para resolver problemas; d) identificar quais habilidades e conceitos o aluno já possui e quais está prestes a construir; e) bem como repensar a ação docente, colocando-a a serviço da aprendizagem do aluno (FITTIPALDI, 2007; BERTONI, 2002).

Assim, em razão das interações que incita, o jogo faculta ao professor atuar na zona de desenvolvimento proximal (ZDP) e, por intermédio de uma mediação adequada, incentivar os alunos a buscarem outros meios para responder aos problemas que o jogo lhes coloca, de forma a promover a aprendizagem.

Como se sabe, para que se faça uma mediação adequada é preciso identificar o NDR e o NDP dos sujeitos e ir além da aparência de suas ações, buscando entendê-las. Em especial, é necessário ficar atento a possíveis diferenças semânticas, ou seja, se os sujeitos compartilham dos mesmos sentidos e significados ao empregarem determinado termo ou realizarem determinada ação.

Nas pesquisas acima relatadas, ao jogar, a identificação dos sentidos e significados atribuídos mostrou-se possível não só pela observação das jogadas realizadas pelos sujeitos, mas também pelas respostas dadas aos questionamentos feitos sobre elas.

Com base nisto, mediações eram realizadas. Dentre as modalidades de intervenção que mais contribuíram para o sujeito avançar cita-se: exemplos de boas jogadas; questionamentos e análises comparativas não só de jogadas, como também dos atributos essenciais relacionados ao conceito em questão.

Se jogar possibilita a mediação, é preciso esclarecer que esta deve considerar o desempenho do sujeito. Entretanto, isso não significa, em momento algum, que se deve deixar para pensar na hora como intervir. É preciso prever possíveis jogadas e, em função delas, fazer intervenções.

Para que o jogo possa constituir-se como um instrumento mediador importante no processo de ensino-aprendizagem, é preciso que o professor tenha claro quais objetivos pretende alcançar e, antes de levar o jogo à sala de aula, planeje como ele será empregado, como poderá auxiliá-lo a identificar o que o aluno já domina, permitindo-lhe fazer intervenções adequadas, que levem aos avanços desejados.

Logo, assim como qualquer outro recurso utilizado em sala de aula, jogar requer também planejamento. Da mesma forma, planejar intervenções não significa estabelecer uma sequência fixa de ações a serem tomadas, visto que, em geral, os sujeitos têm desempenhos diferentes, bem como os jogos características específicas.

É preciso pensar em modalidades de intervenção personalizadas, pautadas nas particularidades do jogo e no desempenho dos sujeitos, pois um tipo específico de intervenção pode ser mais proveitoso para um aluno do que para outro, como também, por vezes, um sujeito pode necessitar de mais intervenções que o outro, em função do que já dominava, tal como observado em Bertoni (2002) e Fittipaldi (2007).

É importante, também, que sejam discutidas com a sala toda, as hipóteses que surgirem; algumas jogadas observadas, bem como soluções encontradas. Igualmente, indague aos alunos se foi uma boa jogada; solicite que expliquem como fizeram para ganhar o jogo; indiquem quem foi o vencedor e por que, de forma a promover: o confronto de ideias; o levantamento de hipóteses e sua checagem; a expressão do pensamento ao argumentar e justificar suas jogadas.

Desse modo, ao usar o jogo em sala de aula é possível combinar a colaboração, em que todos aprendem juntos, com a personalização, à medida que o professor intervém conforme a necessidade de cada um (MORAN, 2015). Assim, auxilia o aluno a: articular conceitos cotidianos e científicos; refletir sobre o conceito e o procedimento adotado para a resolução do problema proposto; aprender a escutar os outros, pensar a respeito do significado de suas ações; sobre o que descobriu e o que está prestes a descobrir.

Além disso, o erro deixa de ser um sinônimo de incapacidade, mas sinaliza que é preciso pensar, refletir e, sobretudo, intervir para que haja a revisão da hipótese formulada e aprendizagem.

Logo, não se trata de usar o jogo em sala de aula como passatempo ou para fixar conceitos expostos pelo docente; tampouco propor o jogo ao aluno para que por si construa o conhecimento, mas de usá-lo como recurso de mediação e contexto de interação, tal como apontado em Fittipaldi (2007).

Como destaca Elkonin (2009), parceiro de Vigotski no estudo sobre jogo, ele não se torna um instrumento importante para o processo de ensino-aprendizagem por si mesmo, mas pelas relações que se estabelecem ao jogar, visto que as interações sociais ocorridas durante as jogadas, propiciam a mediação, central para novas aprendizagens.

Pelo exposto, de acordo com a perspectiva aqui adotada, é possível depreender que o jogo, entendido como instrumento mediador e meio de interação pode, com o apoio da mediação, constituir-se como um recurso interessante para ressignificar o processo ensino-aprendizagem e merece ser considerado na sala de aula, na medida em que permite ao professor e aos alunos uma interação mais rica e profícua, contribuindo para promover a aprendizagem e formar o sujeito que hoje se busca.

Referências
BERTONI, Cláudia. *Jogo e mediação social: um estudo sobre o desenvolvimento e a aprendizagem em alunos do ensino fundamental.* São Paulo, 2002. Dissertação (de mestrado) – Pontifícia Universidade Católica de São Paulo.
CARVALHO, Marilda Gioeilli Torres de. *A lei genética geral do desenvolvimento cultural em Vigotski e em autores brasileiros.* São Paulo, 2002. Tese (de Doutorado)

Educação

– Pontifícia Universidade Católica de São Paulo.
ELKONIN, Daniil B. *Psicologia do Jogo*. Tradução Álvaro Cabral. São Paulo: Martins Fontes, 2009.
FITTIPALDI, Cláudia Bertoni. *Jogar para ensinar – Jogar para aprender: o jogo como recurso pedagógico na construção de conceitos escolares e desenvolvimento de habilidades cognitivas, no Ensino Fundamental I*. São Paulo, 2007. Tese (de doutorado) - Pontifícia Universidade Católica de São Paulo.
FREIRE, Paulo. *Pedagogia do oprimido*. 2. Ed. Rio de Janeiro: Paz e Terra, 1975.
MÓRAN, José. *Mudando a Educação com metodologias ativas*. [Coleção Mídias Contemporâneas. Convergências Midiáticas, Educação e Cidadania: aproximações jovens. Vol. II] Carlos Alberto de Souza e Ofelia Elisa Torres Morales (orgs.). PG: Foca Foto-PROEX/UEPG, 2015. Disponível em: <http://www2.eca.usp.br/moran/wp-content/uploads/2013/12/mudando_moran.pdf>. Acesso em: 15 de ago. de 2017.
VIGOTSKI, Lev Semenovich. *A formação social da mente*. 5. ed. São Paulo: Martins Fontes, 1930/2007.
VIGOTSKI, Lev Semenovich. *A construção do pensamento e da linguagem*. São Paulo: Martins Fontes, 1934/2009.

Inovações e ressignificações

8

Coaching e PNL aplicados na educação e o professor *coach*

Descubra as potencialidades do *coaching* e da PNL aplicados na educação. Conheça técnicas, conceitos e os pressupostos da PNL para ser mais efetivo no processo ensino-aprendizagem. O *coaching* e a PNL têm o poder de descortinar suas potencialidades mentais inconscientes e emocionais para que você possa transformar potencial em potência

Douglas De Matteu, PhD
& Dra. Ivelise Fonseca De Matteu

Educação

Douglas De Matteu, PhD

Doutor em Business Administration PhD e mestre na Arte do *coaching* pela Florida Christian University – EUA. Mestre em Semiótica, Tecnologias da Informação e Educação, especialista em Marketing, Educação a Distância e em Gestão de Pessoas com *Coaching*, bacharel em Administração. *Master Coach* com reconhecimento internacional. *Trainer* em PNL. Docente na Fatec de Mogi das Cruzes. CEO do Instituto de Alta Performance Humana – IAPerforma. Representante oficial do SysPersona e da International School of Business and Coaching – EUA no Brasil. Desenvolve treinamentos *in company*, palestras, formações em *Coaching*. Coordenador e autor de mais de vinte e cinco livros. É professor da FCU/EUA, com experiência nos EUA, Brasil e Japão.

Contatos
www.douglasmatteu.com.br
www.iaperforma.com.br
www.syspersona.com
www.intersbc.com
douglas@iaperforma.com.br

Dra. Ivelise Fonseca De Matteu

Master Coach, advogada, Doutora em Direito do Estado e mestre em Direito pela PUC-SP e graduada em Direito pela FMU. Atualmente é coordenadora dos programas de Pós-graduação em Direito da FMU- Faculdades Metropolitanas Unidas onde também é professora. Professora Doutora na Faculdade Belas Artes, Professora na Pós -Graduação em Direito (2014) FMU. Membro da Comissão de Liberdade Religiosa da OAB-SP (desde 2009). Atuou na Comissão em Estudos do Direito da Moda, OAB-SP, e como Relatora do 20° Tribunal de Ética da OAB-SP. Escritora e palestrante

Contatos
www.ivelisefonseca.com.br
ivelise.fonseca@uol.com.br

Inovações e ressignificações

A sociedade contemporânea está em constante mudança, consequentemente, o processo de ensino-aprendizado também necessita verdadeiramente ser repensando para atender as novas demandas sociais e tecnológicas tão dinâmicas. Nesse sentido, o *coaching* e a PNL podem contribuir para a educação.

O *coaching* é um processo com começo, meio e fim que tem como foco levar os clientes a alcançarem o "estado desejado", isto é, seu objetivo, seja desenvolver uma competência, um objetivo material, uma carreira, qualquer meta.

O processo de *coaching* proporciona o aumento da percepção do cliente sobre ele mesmo, sobre sua meta, auxiliando-o a pensar nas opções de decisão e desenvolvendo autorresponsabilidade frente aos resultados da sua vida (MATTEU, 2016).

O *coaching* pode ser visto como uma ciência transdisciplinar, sistêmica, que alinha inúmeras ciências rumo a mudanças mais profundas no indivíduo, considerando níveis cognitivos, emocionais, além de questões inconscientes em nível de crenças, identidade, propósito e valores.

A Programação Neurolinguística – PNL contribui para ampliação da percepção das pessoas e, assim, ao aumento das opções de escolha. "A PNL tem por objetivo dar às pessoas mais opções de ações" (O'CONNOR e SEYMOUR, 1995, p.19), ou seja, se você só tem uma ou duas opções para os desafios da sua vida particular ou profissional, talvez precise repensar todo o processo.

Nesse sentido, a PNL pode ser uma grande aliada. Para O'Connor e Seymour "A Programação Neurolinguística é a arte e a ciência da excelência" (1995, p.19). Os mesmos autores ratificam sua aplicação para alcançarmos o melhor de nós mesmos, que é o papel da educação também.

De acordo com os escritores, a PNL estuda como alcançar a excelência. Esta é cobrada no contexto profissional e pode ser produzida na educação, utilizando-se dos referenciais da PNL.

A PNL tem pressupostos (O'CONNOR, 2011) valiosos que podemos considerar no contexto da educação:
• Se alguém pode fazer algo, outra pessoa também pode fazê-lo, isto é, considere que somos potencialmente todos similares, com braços,

pernas, boca, olhos e cérebro. Podemos realizar os mesmos feitos de outrem, para tanto basta modelar o comportamento, ou seja, conhecer como a pessoa faz o que faz, qual é a estrutura mental e comportamental utilizada e replicar. Imagine, como seria utilizar esse referencial para potencializar a autoestima dos alunos e estimular os sonhos, produzir crenças poderosas de capacidade e possibilidades no alunado.

• Corpo e mente formam um único sistema, ou seja, um simples pensamento pode interferir na nossa neurologia, alterando o ritmo da respiração, os batimentos cardíacos, até nos fazer rir ou chorar entre outras alterações. Da mesma maneira, quando mudamos a fisiologia alteramos o estado mental e emocional. Como seria se os alunos aprendessem que para alterar sua mente basta mudar o seu corpo e que a postura interfere no seu estado mental e na sua capacidade de realização?

• Todo comportamento tem uma intenção positiva, é importante destacar que é positiva na mente da pessoa que está realizando o comportamento. Tal pressuposto pode ser desenvolvido em um trabalho em equipe, para preparar o aluno para lidar com as adversidades e o desenvolvimento da empatia, capacidade tão importante no mercado de trabalho atual.

• Cada um faz a melhor escolha para si em cada momento: jamais alguém toma uma decisão buscando o caminho errado, ou seja, sempre toma a melhor atitude que pode dentro da sua perspectiva de vida. Como seria se os alunos diminuíssem sua autopunição, quando se toma uma atitude com resultado diferente do esperado, promovendo um comportamento mais de aceitação e compreensão nos relacionamentos e consigo próprio?

• Jamais existem fracassos, apenas resultados: o fracasso é uma mentira, é relevante entender que quando um resultado é diferente do esperado é preciso, apenas, retirar o aprendizado e fazer novamente. Como seria se educadores e alunos entendessem esse pressuposto e o aplicassem verdadeiramente em sala de aula e na vida?

Para Anthony Robbins "Todos possuímos um dom, a nossa centelha de gênio esperando ser despertada" (ROBBINS, 2012, p.23). Devemos ter como base os fundamentos estabelecidos, pensar e repensar nossa "realidade". E acreditar verdadeiramente que em nosso DNA existe toda a potencialidade, a genialidade, para ser despertada e a PNL, por meio de suas técnicas e conceitos, nos permite ver o mundo sob um novo prisma, reenquadrando as situações, para uma perspectiva positiva e que gere aprendizado, desenvolvimento, crescimento, evolução na nova forma ver, ouvir, sentir, interagir com o mundo, com as pessoas e nós mesmos.

Outro dos pressupostos da PNL é que mapa não é território (O'CONNOR, 2011). Esse referencial destaca que cada indivíduo possui um mapa, e que esse mapa não representa a realidade, ou seja, nossa percepção é como um mapa, que busca demonstrar de modo resumido o que é o território.

O mapa não consegue demonstrar com clareza os detalhes, as cores, cheiros e sons que possam existir no ambiente real, físico, concreto, da mesma forma, nós, seres humanos, temos uma percepção singular da "realidade". Isto é, interpretamos o mundo usando um mapa particular, que, por sua vez, é formado por nossas experiências de vida, a forma como interpretamos as palavras e os fatos que acontecem.

Quando você muda o seu mapa, modelo mental (Mindset), você usa a lei da oportunidade: "Dificuldades não aparecem para obstruir, mas instruir. Em cada contratempo ou obstáculo existe a semente de um benefício ou uma oportunidade igual ou melhor" (TRACY, 2009, p.104). Conforme o autor, cada problema gera uma oportunidade, cada adversidade uma nova possibilidade de aprendizagem.

Ampliando a pesquisa sobre esse contexto, o clássico livro *"Os 7 hábitos das pessoas altamente eficazes"*, de Stephen R. Covey, destaca algo semelhante em sua famosa regra de 90/10, pois afirma que nós possuímos o controle de apenas 10% do que acontece em nossa vida, os outros 90% se devem a como nós reagimos aos acontecimentos que não possuímos controle." (COVEY, 2011), ou seja, o significado que damos aos fatos, a forma como interpretamos e reagimos às situações faz toda a diferença.

O papel do professor

Para que o *coaching* e a PNL possam ser aplicados no processo de ensino-aprendizagem, é necessário que o professor, o maestro do ensino, atue de forma efetiva com o apoio da PNL e seguindo a Lei de Diretrizes e Bases da Educação Nacional – LDB, Lei nº 9.394, de 20 de dezembro de 1996., pois sinaliza o papel dos docentes:

Artigo 13 – Os docentes incumbir-se-ão de:

I. participar da elaboração da proposta pedagógica do estabelecimento de ensino;

II. elaborar e cumprir plano de trabalho, segundo a proposta pedagógica do estabelecimento de ensino;

III. zelar pela aprendizagem dos alunos;

IV. estabelecer estratégias de recuperação dos alunos de menor rendimento;

V. ministrar os dias letivos e horas-aula estabelecidos, além de participar integralmente dos períodos dedicados ao planejamento, à avaliação e ao desenvolvimento profissional;

VI. colaborar com as atividades de articulação da escola com as famílias e a comunidade.

Conforme destacado no artigo 13, o professor deverá atender os requisitos da LDB, porém utilizando-se da PNL e do *coaching* pode ser mais efetivo no processo de ensino-aprendizagem, como um *coach* (profissional) que, por meio de perguntas e técnicas específicas, pode promover a reflexão e conscientização do alunado frente aos objetivos de vida pessoal, profissional alinhado com os pedagógicos. Dessa forma, podemos pensar em um professor *coach*, que assume os referenciais da PNL e do *coaching* para potencializar a educação, como exemplo, em alguém com uma característica bastante peculiar, a de focar sempre na solução em detrimento dos problemas.

Diante de tal abordagem, propõe-se uma atuação que mescla competências de um professor e de um *coach*. O que significa, também, que não é uma atuação pura de *coach* ou pura de professor, é a fusão de dois profissionais para criação de um terceiro o "professor *coach*".

É fundamental ser objetivo na educação e demonstrar valor agregado no conhecimento ofertado. Ser um professor *coach* é envolver os alunos, coordenar e dirigir projetos inovadores que transcendam os muros da instituição.

O professor jamais pode ser substituído por um *Coach* e nem o *Coach* por um professor: são papéis distintos. Porém, aqui vamos descrever um pouco sobre o papel de cada um deles e em seguida propor a formação de um terceiro profissional, descrito como professor *coach* e melhor explicado abaixo:

Quadro 1: Professor x professor *coach*

Professor	*Coach*	Professor *coach*
Detém o conhecimento.	O *coachee* (cliente) detém o conhecimento.	Construção coletiva do saber. Integra o conhecimento do professor com o do discente.

Inovações e ressignificações

Ensina.	"Ajudá-la a aprender invés de ensiná-la."[1]	Promove o processo de ensino-aprendizado de fora para dentro e de dentro para fora.
Foco no objetivo e conteúdo da disciplina.	Foco é no objetivo do *coachee*.	Desenvolve pontos entre a disciplina e objetivo dos alunos.
Orientação: cronograma das aulas alinhado com o projeto pedagógico.	Orienta seu trabalho com base no *feedback* do seu *coachee* rumo ao objetivo estabelecido. Orientado pela vida.	Articula o currículo com aplicações práticas e os objetivos dos alunos. Orientado pelo currículo e pela vida do alunado.
Desenvolve competências técnicas.	Desenvolve novos comportamentos rumo aos objetivos.	Integra mente cognitiva, emocional e intuitiva.
Foco conceitual e cognitivo.	Ajuda a gerenciar as emoções e incorporar novos comportamentos.	Foco em desenvolver o alunado em múltiplas dimensões.
Professor ensina sobre sua disciplina.	*Coach* ajuda o *coachee* aprender com base em suas experiências.	O professor busca ampliar a consciência do aluno quanto a disciplina, a vida e seus resultados.
Avaliação é conduzida pelo professor.	Avaliação de resultados é realizada principalmente pelo *coachee*.	Avaliação multidirecional: professor avalia o aluno, o aluno se auto avalia com orientação do professor. Exemplo autoavaliação orientada[2].

---

1 Timothy Gallwey apud Whitmore, 2010, p.2.
2 Autoavaliação orientada o aluno é estimulado a refletir sobre algumas dimensões listadas pelo professor e atribuir uma nota para seu aprendizado e se justifica. O professor lê e atribui a nota final podendo ser maior ou menor.

Educação

| Práticas pedagógicas. | *Coaching.* | Andragogia, *coaching* e demais ciências focadas no desenvolvimento humano. |

O quadro 1 cria um paralelo entre o professor e o *coach* e busca propor o professor *coach*, por meio de um novo papel. Para atuar como professor *coach*, faz-se necessário direcionar-se além de conceitos; como, por exemplo, o preceito de aumentar a consciência "Com a expansão da consciência eventos que parecem aleatórios na verdade não são: um objetivo maior está tentando se desenvolver através de você." (CHOPRA, 2012, p.12). Ampliar a consciência do alunado frente suas decisões, sua responsabilidade frente os resultados da vida em nível, pessoal, profissional e relacional criando uma conexão com os conteúdos das aulas.

Crie um ambiente seguro e encorajador para o processo ensino-aprendizagem

Para facilitar o processo de ensino-aprendizagem, recomendo uma técnica utilizada em sessões de *coaching* e de PNL e que podem migrar para a sala de aula, a psicogeografia. De acordo com Paola Berenstein Jacques, a Psicogeografia é o "estudo dos efeitos exatos do meio geográfico conscientemente planejado ou não, que agem diretamente sobre o comportamento efetivo dos indivíduos" (JACQUES, 2003. p.22). Diante do exposto, o ambiente interfere no comportamento humano. O professor *coach* pode instalar filtros e moldar a percepção do alunado quanto ao ambiente.

Um dos principais sentimentos que permitem os seres humanos a compartilharem experiências e se arriscarem em algo novo é o sentimento de segurança. Tenho utilizado, há alguns anos, este referencial de que a minha sala de aula é um ambiente seguro, o que tem tornado os alunos confiantes para externalizarem dúvidas, opiniões e, principalmente, criando um clima de confiança entre as partes.

As aulas tornam-se mais participativas e, recentemente, atrelei mais um sentimento, o de encorajamento. Assim, fomento a construção coletiva do saber e minimizo as armadilhas da mente que são descritas pelo Dr. Augusto Cury: conformismo; coitadismo; o medo de correr riscos e o medo de reconhecer os erros (CURY, 2010).

Inovações e ressignificações

É importante ressaltar que, se o professor cria o ambiente e tem comportamentos incongruentes, como julgamentos e ameaças constantes e punições, estes podem minar os resultados da técnica.

Os sistemas representacionais na educação

O professor *coach*, fazendo uso dos referenciais da PNL, acessa o alunado estimulando os cinco sentidos, ou seja, o visual, o auditivo e o cinestésico, que envolve a dimensão gustativa, o tato e o paladar.

Este estímulo pode ocorrer com imagens, palavras e cinestesia. Veja algumas abordagens ao professor que quer estimular a leitura de livros:

A) O professor convencional: faz um breve discurso da importância de ler livros dando ênfase a ampliar o vocabulário, as capacidades cognitivas e a argumentação.

B) O professor *coach* poderia abordar da seguinte maneira: como seria se você pudesse viajar no tempo, ver, ouvir e sentir o que aconteceu no passado e até experienciar o que pode acontecer no futuro? Como seria se você pudesse ver uma plantação de laranja bem agora a sua frente? Sentir o cheiro cítrico, tocar nas folhas, colher um fruto e, ali mesmo, descascar e saborear o doce néctar da fruta? Imagine que tudo isso é possível com leitura e muito, muito mais. Ao ler, você pode ter novas experiências, conhecer novos lugares, aprender sobre temas do seu interesse.

Perceba que o professor convencional tem uma linha de pensar mais racional e pragmática, enquanto o professor *coach* tem a capacidade de transportar o aluno para uma experiência imaginária que torna o processo muito mais significativo.

Lembre-se de que cada indivíduo tem um sistema representacional preferido e que para se comunicar com maior maestria é necessário tramitar em todos os sentidos humanos. No quadro a seguir é apresentado um conjunto de palavras usuais para cada sistema representacional.

VISUAL	AUDITIVO	CINESTÉSICO
"ver"	"ouvir"	"pegar"
"olhar"	"escutar"	"tocar"
"visão"	"som"	"sentimento"
"claro"	"ressoante"	"sólido"
"brilhante"	"alto"	"pesado"
"imagem"	"palavra"	"lidar"
"obscuro"	"barulhento"	"áspero"
"esclarecer"	"toca um sino"	"associar"
"mostrar"	"dizer"	"mover"

(DILTZ EPSTEIN, 1999).

Educação

Tríade da alta performance na educação

Fisicamente, uma estrutura tríade se mostra extremamente poderosa, uma apoia a outra, a trindade da alta performance proposta pela PNL considera: a linguagem, a fisiologia e o pensamento (O'CONNOR, 2011). Ou seja, fazer uma mudança em uma dessas dimensões consequentemente impactará as outras e, essas, vão gerar o "estado" da pessoa.

Anthony Robbins ensina a importância do foco, da linguagem e da fisiologia e como essa tríade pode impactar os resultados do alunado.

Na perspectiva da PNL aplicada à educação, o foco pode ser conduzido pelo professor *coach* que instala filtros de percepção direcionado para o foco desejado.

O corpo e a mente formam um sistema único (O CONNOR, 2011). Este pressuposto da PNL destaca que o pensamento influencia a fisiologia. Logo, ao mudar a fisiologia, alteramos o estado mental. Uma atividade válida é promover mudanças no corpo, ou seja, levantar uma dinâmica ou algo do tipo.

Porém, quero dar um destaque na linguagem, pois, com frequência, percebo as pessoas utilizando um vocabulário negativo e limitante. Para exemplificar: quantas vezes você já ouvi a palavra problema na vida? Na última semana? Quais sentimentos estão atrelados a essa palavra?

Pense: como ficaria se substituísse pela palavra oportunidade, desafio ou adversidade? A sensação é diferente?

Como exemplo, proponho que os professores da área lógica, mais especificamente os de matemática, que vivem enchendo os alunos de "problema", como fica o sentimento dos alunos frente à disciplina? Como seria se eles começassem mudando as palavras? Quer mudar seus alunos? Comece mudando você. Faz sentido? A realidade é formada em nossa mente primeiro pelas palavras e imagens que escolhemos. Altere as palavras e mude os sentimentos, faça uma interferência efetiva para potencializar sua comunicação e, consequentemente, suas aulas/palestras.

Neurossemântica e Neurociência

O Dr. Michael Hall desenvolve um interessante estudo acerca da neurossemântica. O termo, criado por ele, em síntese atrela aspectos neurológicos e semânticos. Segundo o autor, "liberamos nossos potenciais integrando significado e performance através do sintetizar neurologia e semântica."(HALL. 2012, p. 100)

Inovações e ressignificações

O autor evidencia que podemos aumentar a performance através da mudança dos significados. Pare e pense em que molduras você utiliza para apresentar o conteúdo da sua aula? E acrescenta: "Este é o coração e a alma da neurossemântica e de liberar potenciais – incorporar o melhor das molduras de seu Jogo Interno, de modo que você literalmente incorpora suas molduras como habilidades e competências em seu Jogo Externo" (HALL, 2012 p.101). Diante do exposto, centra-se em liberar o potencial de dentro para fora, ou seja, equacionando nossas representações internas, o que vai resultar em um melhor comportamento externo.

Tal posicionamento está intimamente ligado aos significados atribuídos às situações e, principalmente, aos conceitos que o indivíduo tem de si mesmo.

É relevante sinalizar que a nossa capacidade de experienciar e de construir significado gera o poder interno, possibilita dar sentido às coisas. Logo, podemos criar significados fortalecedores ou limitantes que, consequentemente, vai afetar o nosso sistema mente-corpo que produzirá significado conforme processa informações de diversas maneiras e em múltiplos níveis (HALL, 2012).

Infelizmente, uma postura ofensiva por parte do professor em uma experiência do aluno pode gerar significado negativo internamente e gerar um trauma emocional e comportamental ao educando. Porém, uma postura socrática alicerçada em perguntas promove novas experiências e pode realinhar significados. A cada equívoco do aluno há uma imensa possibilidade de nascerem novos aprendizados.

Quando o aluno deixa de ver, ouvir e sentir significado e aplicabilidade no que o professor estiver ensinando, provavelmente diminuirá ou cessará a sua atenção. O professor *coach* deverá se esforçar para conectar a turma, mostrando um significado para o que está sendo apresentado, que considere a realidade do aluno.

O papel como professor é promover novos comportamentos nos alunos, tal postura é possível e ratificada pela neurociência: "Em sua imensa maioria os nossos comportamentos são aprendidos e não programados..." (COSENZA, GUERRA, 2011, p.34).

Logo, o professor *coach* pode estimular novos comportamentos no seu alunado. Para tanto, é recomentado desenvolver uma aula que vá além do racional e alcance o emocional. Quando as emoções são mobilizadas o resultado é efetivo, "As emoções podem facilitar a aprendizagem" (COSENZA, GUERRA, 2011, p.85).

Educação

A seguir, apresento os pressupostos do Método de *Coaching* PERFORMA aplicados na educação, que desenvolvi no meu doutorado junto a Florida Christian University – EUA.

Pressupostos do Método de *Coaching* PERFORMA aplicados na Educação

• O alunado quer se sentir seguro e encorajado em participar do processo de ensino-aprendizagem.

• Usar o Método PERFORMA: ampliar a percepção, estabelecer um foco, determinar uma rota de ação, mensurar os resultados e gerar aprendizados.

• Considerar no processo de ensino-aprendizado os níveis lógicos: ambiente, comportamento, capacidades e habilidades, crenças e valores, identidade, afiliação e espiritualidade. (O'CONNOR, 2011)

• O processo de ensino-aprendizado deve ser contextualizado e ligado à realidade do alunado, sendo este estimulado de forma visual, auditiva e cinestésica.

• Temos um potencial infinito e divino, que pode ser acessado com perguntas e pode desencadear fascinantes insights para acesso do potencial humano.

• A melhor forma de aprender é experienciando.[3]

• A experiência educacional quando envolvida com emoção tem maior efetividade.

• As palavras, o foco e a fisiologia do professor influenciam de forma poderosa o processo de ensino-aprendizagem.

• Se uma pessoa pode fazer algo, todos podem aprender a fazê-lo também.

• As pessoas já possuem todos os recursos de que necessitam, basta tomarem consciência.[4]

• Todo comportamento tem uma intenção positiva para quem o está realizando.

• As pessoas sempre fazem a melhor escolha disponível para elas, considerando sua experiência da vida e nível de consciência.

• Jamais existe qualquer tipo de fracasso, existem apenas resultados e oportunidades de aprendizado constante.

Referências
CHOPRA, D. *O poder da consciência*. São Paulo: Leya, 2012.

---

[3] Inspirado no Conceito de Ciclo Vivencial de Aprendizagem (KOLB, 1984)
[4] Com base nos pressupostos da Programação Neurolinguística (O'CONNOR, 2011).

COSENZA, Ramon Moreira; GUERRA, Leonor Bezerra. *Neurociência e educação: como o cérebro aprende.* Porto Alegre: Artmed, 2011.

COVEY, Stephen. *Os 7 hábitos das pessoas altamente eficazes.* Rio de Janeiro: BestSeller, 2011.

CURY, Augusto. *O código da Inteligência e a excelência emocional.* Rio de Janeiro: Thomas Nelson Brasil, 2010.

GOLEMAN, Daniel. *O cérebro e a inteligência emocional: novas perspectivas.* Rio de Janeiro: Objetiva, 2012.

HALL, L.Michael. *Liberte-se! Estratégias para autorrealização.* Rio de Janeiro: Qualimark, 2012.

ISRAEL, Richard; HORTH. Vanda. Chi *Mental: reprograme seu cérebro diariamente em apenas 8 minutos: estratégias de sucesso para sua vida pessoal e profissional.* São Paulo: DVS Editora, 2012.

KOLB, D. *Experiential learning: Experience as the source of learning and development.* New Jersey: Prentice-Hall, 1984.

MACHADO, Luiz. *O segredo da inteligência.* Rio de Janeiro: Cidade do cérebro, 1992.

MATTEU, Douglas De. *Coaching na educação: técnicas, ferramentas e a metodologia de coaching para alta performance na educação.* Florida Christian University, 2014.

MATTEU, Douglas De. *Acelere o seu sucesso pessoal e profissional.* São Paulo: Literare Books, 2016.

O'CONNOR, Joseph. *Introdução à programação neurolinguística: como entender e influenciar as pessoas.* São Paulo: Summus, 1995.

O'CONNOR, Joseph. *Manual de programação neurolinguística: PNL: um guia prático para alcançar os resultados que você quer.* Tradução de Carlos Henrique Trieschmann. Rio de Janeiro: Qualitymark, 2011.

ROBBINS, Anthony. *Desperte o seu gigante interior.* 22. ed. Rio de Janeiro: BestSeller, 2012.

ROBBINS, Anthony. *Poder sem limites: o caminho do sucesso pessoal pela programação neurolinguística.* 14. ed. Rio de Janeiro: BestSeller, 2012.

TRACY, B. *As leis universais do sucesso.* Rio de Janeiro: Sextante, 2009.

Inovações e ressignificações

9

Desaprender a educação em um mundo sem bússolas

Os mapas orientadores dos séculos passados, especialmente do século XX, envelheceram. Habitamos um mundo desbussolado. A razão – em seu viés técnico-econômico – já não consegue dar conta dos desafios de um mundo em agonia e fragmentado. As empresas são desafiadas a incorporarem em suas agendas um pensar que supere o conhecimento reduzido à condição de *know-how*. É a desaprendizagem necessária para criar novas formas de ver e habitar o mundo

Dr. Clovis Pinto de Castro

Educação

Dr. Clovis Pinto de Castro

Possui experiência como educador e gestor educacional. Foi diretor de escola de educação básica, reitor e vice-reitor de universidades, diretor de faculdades, coordenador de cursos, além de ter criado e dirigido, por quatro anos, a Escola de Negócios da Acipi – Associação Comercial e Industrial de Piracicaba – uma das mais inovadoras e criativas associações do país. Possui graduação em Pedagogia e Teologia. É mestre em Filosofia da Educação e doutor em Ciências da Religião. Com experiência internacional, conciliou períodos de trabalho, estudos e pesquisas na Inglaterra, Alemanha, Suíça, África do Sul, Coreia do Sul e outros países. É autor de diversos artigos e obras, entre eles, o livro *Para não ficar ausente da vida – a pedagogia do cotidiano*, publicado pela Editora Texto &Textura. Foi presbítero da Igreja Metodista por mais de trinta anos. Atualmente, é membro do corpo de formação do Instituto de Psicanálise Lacaniana, IPLA, presidido pelo Dr. Jorge Forbes, um dos mais expoentes psicanalistas do Brasil. Atua como psicanalista e consultor na área de Gestão do Ensino Superior e de Educação Corporativa. É fundador da Clínica Caminhos da Psicanálise.

Contatos:
www.caminhosdapsicanalise.com.br
clovis@caminhosdapsicanalise.com.br

Inovações e ressignificações

Educar sempre foi uma tarefa exigente. Em uma sociedade do excesso de informação – como a que vivemos – essa complexidade aumenta. Para o psicanalista Jacques Lacan, "as pessoas não percebem muito bem o que querem quando educam e são tomadas pela angústia quando pensam no que consiste ensinar" (LACAN, [1974] 2004). Quem lida com a educação corporativa também enfrenta esse dilema corre o risco de não saber aonde quer chegar, especialmente quando se limita ao âmbito dos manuais prescritivos, metodologias engessadas ou ao uso de novas tecnologias. Não quer dizer que isso seja dispensável, pelo contrário, é fundamental. A competitividade de uma empresa depende disso também. Há certas coisas que exigem o 'saber fazer' e precisam ser transmitidas e ensinadas. Entretanto, dominar o *know-how* não é suficiente.

Não é de hoje que empresas desaparecem mesmo após terem sido líderes de um determinado segmento por anos. Uma das causas pode, justamente, estar relacionada à obsolescência do conhecimento técnico e de seus produtos. Essas empresas não foram capazes de se reinventarem ou de se ressignificarem diante de novos tempos. Faltou, entre outras coisas, a capacidade de analisar conjunturas, avaliar cenários e inventar o futuro. Hannah Arendt, filósofa política que marcou o século XX, destacou o divórcio entre o conhecimento técnico-científico e a capacidade reflexiva: "pode vir a suceder que nós, criaturas humanas que nos pusemos a agir como habitantes do universo, jamais cheguemos a compreender, isto é, a pensar e a falar sobre aquilo que, no entanto, somos capazes de fazer" (ARENDT, [1958] 2009, p.11). Dito de outra forma: os seres humanos sabem fazer coisas incríveis, mas têm enormes dificuldades de pensar sobre o que criam e o mundo para que criam. O conhecimento técnico (sem pensamento) não requer educação. Sua aprendizagem demanda apenas a instrução (KUBRIVC, 2011).

Pensar a educação corporativa para além das tecnologias

Há uma diferenciação entre ensino e educação. No senso comum, são expressões usadas como sinônimo. Até porque podem ser consideradas duas partes de uma mesma moeda. O propósito aqui é

Educação

evidenciar os limites do ensino e as possibilidades da educação. Ensino está vinculado à formalidade dos processos de aprendizagem. Ensinar pressupõe a articulação de conteúdos previamente selecionados. Esses conteúdos devem estar vinculados a um projeto mais amplo da empresa, como um todo, ou de uma área específica. Cabe ao pessoal de Treinamento e Desenvolvimento articular o conhecimento que precisa ser transmitido e garantir a eficácia do processo. Para isso, a avaliação é parte importante, pois, na perspectiva do ensino, as pessoas precisam ser medidas e avaliadas. Passam ou reprovam. No mundo corporativo, ensino e instrução quase não se diferenciam. Tanto no ensino como na instrução, tudo deve estar planejado. O ensino pode ser formatado. E é por meio dele que as empresas "formam" uma mão de obra especializada, apta a reproduzir procedimentos, usar determinadas ferramentas, operar equipamentos, lidar com diferentes tecnologias etc. O ensino é essencial no cotidiano das empresas.

E a educação? É um processo mais amplo. Não se restringe ao ensino. Deve transcendê-lo. Educação é algo que perpassa as nossas vidas desde o nosso nascimento. Na educação o foco não está no acúmulo de conhecimento, no domínio de fórmulas, na memorização de técnicas ou procedimentos. A educação tem a ver com tudo aquilo que prepara as pessoas para o enfrentamento da vida. É ela que possibilita a criação de valores éticos que fundamentam a presença dos indivíduos no espaço público. Por meio dela, se desenvolve a consciência de que há um planeta comum e sensível, partilhado com outros bilhões de seres humanos. A educação permite desenvolver uma visão alargada e ajuda a perceber a diversidade de raças, culturas, línguas e maneiras diferentes de estar no mundo. A pessoa educada – e não apenas formatada e instruída – consegue se mover pela curiosidade, pela abertura ao novo e pelo encantamento. É um processo de sensibilização. Não depende de salas de capacitação, cursos, avaliações sistemáticas. A educação exige uma postura de abertura diante da vida.

Desaprender para aprender diferente

Pensar – diferente do que muitos imaginam – pressupõe um exercício de desaprendizagem. Nos últimos anos, o verbo desaprender foi introduzido na linguagem corporativa. Se aprender é difícil, desaprender é muito mais. Todos têm o seu jeito de fazer as coisas. Agem com base no saber que acumularam. Entretanto, um conhecimento que foi importante em determinados contextos da vida pessoal e profissional pode perder o seu prazo de validade. O ato de desaprender não signi-

Inovações e ressignificações

fica jogar fora tudo o que se sabe. Seria uma atitude insana. O que se busca é o desaprender como condição para a inovação. Deve-se suspender o conhecimento para que novos saberes sejam adquiridos e, dessa forma, abrir espaço a novas ideias. As pessoas que se fecham em si mesmas, em seus saberes previamente adquiridos, têm mais dificuldades a se abrirem para a possibilidade do novo. Desaprendizagem só é possível para quem se sabe incompleto. Pessoas completas não aprendem devido à incapacidade de desaprenderem.

Sobre isso, Alberto Caeiro, heterônimo de Fernando Pessoa, em uma parte do poema *O que nós vemos*, sabiamente disse: "Tristes de nós que trazemos a alma vestida! Isso exige um estudo profundo, uma aprendizagem de desaprender" (CAEIRO, 2012, p. 94). Trazer a alma vestida é se sentir completo. Pessoas completas, que já sabem tudo, não têm mais lugar naquelas organizações que se colocam no caminho da desaprendizagem. A lógica é simples: desaprender para aprender diferente; suspender o que se sabe para acolher o que não se sabe; ter a humildade para dizer: "eu também não sei, vamos aprender juntos?". Caso contrário, corre-se o risco de ficar na queixa ou na desimplicação.

Essa postura queixosa é mais presente no mundo corporativo do que se possa imaginar. Está presente em pessoas que se sentem totalmente impotentes ao se depararem, por exemplo, com cenários menos otimistas, ou quando precisam aprender a manejar novas tecnologias. Esse sentimento de impotência pode vir acompanhado de nostalgia. Assim, as respostas para quaisquer problemas que não conseguem resolver estão sempre no passado: "no meu tempo era assim; antigamente eu fazia deste modo". O medo do novo se instala, e o saudosismo ganha força. É uma tendência comum se apegar às bússolas já conhecidas. É importante destacar que desaprender não é desprezar a memória, pois é ela que nos dá identidade, nos localiza no tempo e permite a invenção do futuro. A educação acontece no entrelaçamento dos tempos (passado, presente e futuro). Um novo tempo não se faz sem memória. Ela resgata o passado para iluminar o presente e impede a repetição de certos equívocos.

Desaprender é pensar criticamente para além do senso comum. Parar de responder às demandas que já venceram. Ter coragem para desacreditar nas verdades que vão sendo impostas. É perceber que sempre há um porquê, um algo além. É o princípio da suspeita, da curiosidade. Colocar em dúvida se o GPS que nos guiou até aqui será eficaz para nos orientar no futuro. Opiniões derradeiras não existem.

Educação

Sempre há espaço para o novo. Desaprender é criar uma nova forma de ver e habitar o mundo.

Educar em um mundo fragmentado e desbussolado

Pascal Finette – responsável pelo Programa de Empreendedorismo e Inovação da Singularity University, uma das mais conceituadas instituições de educação corporativa do mundo – disse em uma entrevista à revista Época Negócios: "há muito valor no ensino tradicional e organizado, mas creio que vamos nos afastar desse processo de aprender fatos e factoides, de decorar informações, para chegar a um nível muito mais elevado. Falo de compreender o contexto e entender a complexidade do mundo em que vivemos." (FINETTE, 2018, p. 68). Finette aponta a necessidade das empresas – e especialmente os executivos – olharem o mundo de forma inclusiva. O título da entrevista é bem sugestivo: *Intensivão para salvar o mundo*. Ele encerra suas palavras com uma afirmação otimista e com uma pergunta: "A minha esperança é que daqui a alguns anos estaremos vivendo em um planeta no qual todo mundo tenha acesso a água potável e limpa, onde não haja 775 milhões de pessoas que não são capazes de ler e nem escrever. Será que conseguiremos criar algo para solucionar essas questões que realmente importam?" (FINETTE, 2018, p. 69).

Seguindo o raciocínio de Finette, é possível afirmar que as empresas têm o desafio de incorporar em suas agendas a precariedade de um mundo em agonia. Já não é mais opção. É uma questão de sobrevivência do mundo, inclusive das empresas. Nessa mesma direção, o Fórum Econômico Mundial, que reúne anualmente em Davos, Suíça, as principais lideranças políticas e empresariais do mundo, tem alertado para os limites de um conhecimento técnico que não considere os principais dramas da humanidade. O tema de 2018 foi: Criando um futuro compartilhado em um mundo fragmentado. É uma temática que fala por si mesma.

Além de fragmentado, o mundo está desbussolado. O psicanalista Jorge Forbes afirma que vivemos em Terra Dois. Geograficamente, é idêntica à Terra Um, e seus moradores são bem parecidos. Só isso. Em todos os demais aspectos – cultural, socioambiental, econômico, político, jurídico – ela já não é a mesma. Segundo ele, "do nascimento à morte, passando por todas as etapas da vida: educar, estudar, amar, casar, trabalhar, procriar, profissionalizar, divertir, aposentar, tudo é radicalmente diferente" (FORBES, 2016). Terra Dois expressa as consequências e demandas da pós-modernidade. Quais são as principais alterações entre o mundo moderno e o pós-moderno, entre Terra Um

Inovações e ressignificações

e Terra Dois? Um quadro comparativo e sintético, com as principais diferenças, ilustra bem isso.

As principais alterações entre Terra Um e Terra Dois

TERRA UM	TERRA DOIS
Ordem vertical	Ordem horizontal
Orientação paterna	Articulações coletivas
Verdade	Certezas temporárias
Da impotência à potência	Da impotência ao impossível
Diálogo	Monólogos articulados
Raciocinar	Ressoar
Estático	Interativo
Consenso	Radicais diferenças
Treinamento	Experiências
Avaliação	Responsabilização
Adversidade	Oportunidade
Razão Objetiva	Razão sensível
Futuro: projeção do presente	Presente: invenção do futuro

Fonte: Forbes (2017, p. 12).

Percebem-se algumas alterações radicais entre esses dois mundos. Os mapas orientadores dos séculos passados, especialmente do século XX, envelheceram. Essas mudanças profundas na maneira de habitar o mundo exigirão, cada dia mais, uma capacidade reflexiva (razão sensível e não objetiva) que permita enxergar a realidade de forma holística. As empresas precisarão de executivos que saibam incorporar um pensar que ultrapasse os limites de um mundo orientado pelas tecnologias e marcada por uma razão técnico-econômica. Terão necessidade de profissionais que consigam navegar em meio ao nevoeiro de um novo tempo. Freud ([1930] 2017), diante da complexidade de sua época, dizia que não se pode educar "como quem envia pessoas para uma expedição polar com roupas de verão e mapas dos lagos italianos". A humanidade enfrentará muita neblina pela frente e não poderá contar com uma operação "comboio" que a leve em segurança. Pensar – por meio de uma razão sensível – torna-se atitude fundamental para quem quer inovar e ressignificar a vida.

Educação

Referências
ARENDT, Hannah (1958). *A condição humana*. Rio de Janeiro: Forense Universitária, 2009.
CAEIRO, Alberto. *O Guardador de Rebanhos*, XXIV. In: BERARDINELLI, Cleonice (Org.). Fernando Pessoa, antologia poética. Rio de Janeiro: Casa da Palavra, 2012.
FINETTE, Pascal. *Intensivão para salvar o mundo*, Revista Época Negócios, [S.l.], ano 11, n. 132, p.66-69, fev. 2018.
FORBES, Jorge. *A clínica psicanalítica de TerraDois: o sinthoma*. 2016. Disponível em: <http://www.jorgeforbes.com.br/br/cursos-e-conferencias/a-clinica-psicanalitica-de-terradois-o-sinthoma.html>. Acesso em: 18 mar. 2018.
FORBES, Jorge. *Ciclo de debates: sucesso & felicidade*. Revista FAAP, São Paulo, ago./set., 2017.   Disponível em: <http://www.ipla.com.br/assets/files/Editorias/Acontece/FAAP295_debate.pdf>. Acesso em: 18 mar. 2018.
FREUD, Sigmund (1930). *O mal-estar da civilização*. v. 8. São Paulo: Companhia das Letras, 2017.
KUBRIVC, Simone. *Trilhas entre o passado e o futuro: considerações sobre a tarefa de educar*. VERAS: Revista Acadêmica de Educação do ISE Vera Cruz, [s.l.], v. 1, n. 2, 2011. Disponível em: <http://site.veracruz.edu.br/instituto/revistaveras/index.php/revistaveras/article/view/51>. Acesso em: 18 mar. 2018.
LACAN, Jacques (1974). *Entrevista inédita de Jacques Lacan*. Entrevistador: Emilio Granzotto. Entrevista concedida à Magazine Littéraire, Paris, n. 428, fev. 2004. Tradução: Marcia Gatto. Disponível em: <https://pontolacaniano.wordpress.com/2008/03/31/entrevista-inedita-de-jacques-lacan-a-revista-italiana-panorama-1974/>. Acesso em: 18 mar. de 2018.

Inovações e ressignificações

10

Educação mal educada

Como definir uma má conduta, com tantos contextos diferentes? O pode ser certo ou errado para determinadas pessoas, pode não sê-lo para outras. Que difícil definir o que é educar, não é mesmo!? Educar poderia ser o que se aprende na Escola? Talvez!

Elisabeth Aparecida da Silva
& Fabiano Roxo

Educação

Elisabeth Aparecida da Silva

Pedagoga formada pela UBC/2004. Psicopedagoga formada pela UMC/2012. Direito pela UMC. Diretora de Escola, Coordenadora Pedagógica e Orientadora Pedagógica Institucional desde 2000, de Escola Particular. Curso de Técnicas de comunicação, Curso em Neurociências e Atualização em Portadores de Necessidades especiais.

Fabiano Roxo

Mestre em Semiótica, Tecnologias de Informação e Educação, Especialista em Administração Educacional, Licenciado e Bacharel em Ciências Físicas e Biológicas, Licenciado em Pedagogia, Bacharel em Administração. Atua na Universidade de Mogi das Cruzes, Faculdade Anhanguera de Guarulhos, Faculdade Paschoal Dantas e na UNIPIAGET Suzano – Brasil- Instituição Internacional. Docente da Pós-Graduação em Psicopedagogia Institucional e Clínica, MBA em *Marketing* em Vendas, MBA em Logística, Psicologia Organizacional, Alfabetização e Letramento, Metodologia/Didática no Ensino Superior, com ênfase em Gestão de Pessoas. Experiente Consultor e Palestrante na área da Neurofisiologia da Aprendizagem, Avaliação Educacional, Gestão Educacional e Liderança. Participou como Professor Pesquisador no processo de autorização e reconhecimento de cursos superiores junto ao Ministério da Educação.

Contatos
fabianoroxo@hotmail.com
Facebook: Fabiano Roxo
LinkedIn: Fabiano de Araújo Cravo Roxo
(11) 97171-7517

Inovações e ressignificações

Não há necessidade de ser nenhum *expert*, para observar como o comportamento das últimas gerações têm se alterado em relação a praticamente tudo.

Como educadores, temos a oportunidade de apreciar mais de perto, com um olhar diferenciado, o quanto essas mudanças afetam a vida da sociedade.

Como já disse Paulo Freire:

"Conhecer é tarefa de sujeitos, não de objetos. E é como sujeito e somente enquanto sujeito, que o homem pode realmente conhecer."

A educação sozinha não transforma a sociedade, sem ela, tampouco a sociedade muda."

Não existe fórmula mágica para educar, na verdade existem várias formas para educar, mas afinal... o que é educar? E o que é ser mal-educado?

Depende!

Quando falamos da educação que provém do meio familiar, de primeiro momento, pensamos no comportamento socialmente admitido. O ser humano deve comportar-se como a sociedade espera que ele se comporte. E isso não se refere a direitos e deveres, mas, sim, a qualidades culturalmente transmitidas a "todos" os indivíduos de uma sociedade e que devem ser seguidas.

"(...) Assim se acreditava - não somente criar um mundo de plena distribuição material, mas também de crescente felicidade, oportunidade humana e razão, de avanço das ciências e das artes, numa palavra, um mundo contínuo e acelerado progresso material e moral." (HOBSBAWM, E., 1988 : p. 21)

Então, ser mal educado neste contexto, seria fazer algo reprovável pelo meio social onde se está inserido. Certo?

Sim, se formos olhar somente esta parcela do contexto, parece muito coerente!!!

Entretanto, não se trata apenas de comportamento socialmente admissível, também há uma correlação com o emocional de cada um. Somos indiscutivelmente diferentes uns dos outros, inclusive,

Educação

nos valores éticos e morais, nos valores estéticos e culturais, em como nós comunicamos e como fazemos a representação do outro a partir de nossos próprios valores.

Como definir uma má conduta, com tantos contextos diferentes? O pode ser certo ou errado para determinadas pessoas, pode não sê-lo para outras.

Que difícil definir o que é educar, não é mesmo!?

Educar poderia ser o que se aprende na Escola? Talvez!

Pois a cada dia que passa, mais atribuições são delegadas ao espaço escolar, afinal, pais e mães trabalham o dia todo para tentar proporcionar uma qualidade de vida adequada a seus filhos e, novamente aparecem os padrões que a sociedade culturalmente tem lhes imposto. Hoje, a escola "tem" que ensinar desde escovar os dentes e limpar-se após ir ao banheiro, passando por vestir-se, ter hábitos saudáveis, respeitar o próximo e a natureza, direitos e deveres (mais direitos do que deveres), ler, escrever, contar, interpretar, criticar, refletir, fazer as tarefas "de casa", praticar esportes e até a dormir. Particularmente discordo da maioria destas atribuições terem sido delegadas à Escola, já que a função primeira da Escola é ensinar e não educar.

As crianças de hoje têm a "necessidade" compulsiva de possuir tudo que estiver na "moda" e seus pais se sentem incapazes e frustrados quando estas necessidades não são supridas. Vemos a educação do capitalismo globalizado, somos um produto, feitos para consumir de tudo, com a maior velocidade possível. Refletido no comportamento escolar, chamamos estas frustrações de Indisciplina, ou seja, não cumprir as regras impostas pela escola, não agir como o esperado pelo professor, questionar a autoridade dos educadores e pais etc.

Quando pensamos nos motivos que poderiam ser elencados para a existência da indisciplina dentro da Escola, pensamos sempre nas "tirinhas" do "Calvin". "O que se espera da escola é conhecimento. É isso que faz o aluno respeitar o ambiente à sua volta. Se a aula está um tédio, ele vai procurar algo mais interessante para fazer." (VICHESSI, B., revista Nova Escola, nº 226, 2009, p. 81)

Caímos novamente no emocional, de um lado temos a criança que, se não atendida, frustra-se e rebela-se contra seus pais e/ou cuidadores e/ou sociedade, culpando-os de seu infortúnio e, de outro lado os pais, que acreditam que os filhos têm razão em rebelar-se e tornarem-se mal educados, pois, afinal de contas, eles (os pais) não puderam cumprir com seu papel de provedor de tudo...

Talvez, seja dever da sociedade educar? Pode ser que sim!

Se compreendida como um organismo vivo, que muda constantemente seus princípios e valores e ditam como cada um deve comportar-se... mas, a sociedade não somos todos nós? Sociedade não é o nosso conjunto?

Pode ser que o que nos falte seja a virtude, entretanto "as virtudes são independentes do uso que delas se faz, como do fim a que visam ou servem. A faca não tem menos virtude na mão do assassino do que na mão do cozinheiro, nem a planta que salva do que a planta que envenena. (...) a melhor faca será a que melhor corta. Sua capacidade específica também comanda sua excelência própria. (...) Virtude é o poder, e o poder basta à virtude." (COMTE-SPONVILLE, A., 2009, p.8).

Se existe a Educação mal educada, somos nós os culpados de sua existência. Certo?

Infelizmente, na nossa modesta visão, sim. Somos todos culpados! Entretanto inocentemente culpados, inconscientemente culpados.

Somos frutos de nós mesmos. Somos o que pensamos, o que fazemos, o que falamos e, este movimento é cíclico, sempre estará retornando de tempos em tempos a tudo que outrora foi considerado inadequado ou ultrapassado. E não podemos fazer nada a respeito desse movimento. O ser humano é um animal inerentemente aprendiz. Faz parte de nosso DNA e se assim não fosse, se quer existiríamos.

"Nós almejamos a educação geral de todos aqueles que nasceram homens para tudo o que é humano." (COMENIUS, J. A., 1997: p.167)

Podemos fazer o que fazemos, pensando ser o melhor, tentando acertar, mas nada é efetivamente certo ou definitivo. Dependemos do olhar de quem nos vê e avalia. Lembrando que educação não é sinônimo de disciplina ou, má educação, sinônimo de indisciplina.

O que é certo e o que é errado, aprendemos durante nossas vivências, somos reflexo delas e reproduzimos isso em nossos comportamentos que, consequentemente se refletirá em alguém que nos é mais próximo e querido.

Educação

"A passagem do estado de natureza para o estado civil determina no homem uma mudança muito notável, substituindo na sua conduta o instinto pela justiça e dando às suas ações a moralidade que antes lhe faltava. (...) o homem, até aí levando em consideração apenas sua pessoa, vê-se forçado a agir baseando-se em outros princípios e a consultar a razão antes de ouvir suas inclinações." (ROUSSEAU, J., Do Contrato Social II, 1991, p. 36)

Pensamos que, talvez, pudéssemos ser adultos melhores se nunca deixássemos de ser crianças!!!

Janus Korczak sintetizava sua maneira de ver a Educação com a seguinte frase: "(...) eu não posso criar outra alma, mas posso acordar a alma que está dormindo".

Em suma, existe a possibilidade que alcançar-se a medida perfeita para todas as dificuldades apresentadas em relação à (má) educação, porém seria necessário um trabalho multifatorial, ou seja, todos os fatores envolvidos no processo de educação da criança desde seus primeiros anos de vida, convergissem num único propósito: o de educar para a universalidade da vida.

Sendo da parte de seus progenitores: oferecer as melhores condições de estímulos emocionais, como carinho, amor, atenção e repreensão na medida certa, não permitindo qualquer atitude aquém, nem além do que a criança precisa e mereça.

Da parte da Escola, oferecer todos os estímulos cognitivos possíveis, tornando o ambiente escolar agradável e confiável. Ou um ambiente onde a criança se sinta bem em fazer tarefas, que devem ser pré-combinadas com seus(suas) professores(as), gerando um ambiente de troca de aprendizagens.

Por parte da sociedade, acolher este pequeno indivíduo como alguém que tem sonhos e anseios tão importantes quanto de qualquer adulto, porém sem banalizar valores e comportamentos que realmente importam para um convívio social harmonioso.

Ninguém está no mundo para procurar a infelicidade, todos buscamos a felicidade. E a própria sociedade nos ensina que viver em um grupo que nos apoia e valoriza, é essencial para sermos indivíduos felizes e completos, gozando de plena saúde física, mental e emocional.

Com esses quesitos sendo todos preenchidos, não existe a possibilidade da educação mal educada prevalecer.

Referências
COMTE-SPONVILLE, André. *Pequeno tratado das grandes virtudes*; tradução Eduardo Brandão. 2. ed. São Paulo: Editora WMF Martins Fontes, 2009.
FREIRE, Paulo. *Pedagogia da autonomia - Saberes necessários à prática educativa*. 36. ed. Rio de Janeiro: Editora Paz e Terra. Coleção Saberes, 1996.
KORCZAK, Janusz. *Como amar uma criança*. Rio de Janeiro: Paz e Terra, 1983.
_____, Janusz. *Quando eu voltar a ser criança*. Coleção Novas Buscas em Educação. 16.ed., São Paulo: Summus, 1981.
KORCZAK, Janusz. *Quando eu voltar a ser criança*. Disponível em: <https://books.google.com.br/books/about/Quando_eu_voltar_a_ser_crian%C3%A7a.html?id=u-Rah-_AcitkC>. Acesso em: 04 de dez. De 2018.
VICHESSI, B., *revista Nova Escola*, Ed. fundação Victor Civita, nº 226, 2009, p. 81)

Inovações e ressignificações

11

Orientando quem orienta: a curadoria na educação

> "Como eu tenho dito muitas vezes, o futuro já chegou. Só não está uniformemente distribuído."
>
> William Gibson

Pretendo despertar no leitor o espírito da inovação e ressignificação dos processos de ensino e aprendizagem difundindo e potencializando práticas bem-sucedidas, promovendo o conceito de curadoria para profissionais que refletem, diagnosticam, investigam e atuam de forma autônoma e crítica, disseminando o que já existe

Graça Santos

Educação

Graça Santos

Pedagoga, Mestranda em Resolução de Conflitos e Mediação. Palestrante, Escritora, *Coach* Educacional com Certificação Internacional em PNL e *Coaching*. Consultora Nacional FTD Educação. Autora do livro *Coaching* Educacional: Ideias e estratégias para professores, pais e gestores que querem aumentar seu poder de persuasão e conhecimento. Coautora do livro PNL & *Coaching*, assinando o artigo *Como funciona seu GPS interno?*, ambos publicados pela Editora Leader/SP. Coautora do livro *Planejamento Estratégico para Vida*, com o capítulo *Você é o seu grande projeto?* Editora Ser Mais. Autora do artigo do dossiê intitulado *Coaching* na Educação: contexto, aplicação e possibilidades na Revista Digital *Coaching* Brasil. Facilitadora das disciplinas que compõem o desenvolvimento das Habilidades Gerenciais do MBA em Gerenciamento de Projetos do Instituto Heron Domingues/RJ. Possui certificação em Emotologia. É facilitadora certificada em *Design Thinking* para Educadores. Parceira da *Startup* Flor de Pimenta.

Contatos
www.orientandoquemorienta.blogspot.com.br
www.orientandoquemorienta.com.br
graca@orientandoquemorienta.com.br
Facebook: maisgraca
Instagram: orientandoquemorienta
(21) 98191-4963

Inovações e ressignificações

Iluminando o processo de construção para reunir neste capítulo textos, documentos, orientações oriundos de diversas fontes, abracei as ideias da Teoria Anarquista Epistemológica de Paul Feyerabend, um dos filósofos mais importantes da ciência, que ao rejeitar a existência de regras universais, provoca iniciativas plurais autotélicas. Expressões como "repensam o *design*", "alternativas práticas e reflexivas" e "vencer desafios" convidam para uma abertura de possibilidades com temas que dialogam e projetam para inovar e ressignificar a curadoria pedagógica. E esta se constitui na liberdade de criar, usar e personalizar. Melhorar e redescobrir os recursos educacionais sem restrições.

Este capítulo destina-se aos educadores/curadores preocupados em compreender os processos de inovação que ocorrem nas instituições diversas, na busca de promover formas alternativas de ensino, oferecendo uma riqueza de ferramentas práticas, experiências e orientações que podem ser usadas para melhorar a qualidade do ensino nas instituições e primordialmente nos espaços de aprendizagem.

Desejo entregar ao leitor um rico e inspirador painel com 15 ideias, diversificado e atualizado, cuja leitura se revele transformadora lhe permitindo ressignificar a própria prática.

Painel de ideias

1. Pedagooogia 3000 – É uma sinergia pedagógica, criada pela antropóloga francesa Noemi Paymal, que também é fundadora de *EmAne, enlace mundial para una Nova Educação*. É uma pedagogia em expansão, aberta e flexível às mudanças, que renova-se constantemente em concordância com os novos paradigmas do Terceiro Milênio. A Pedagooogia 3000 amplia e instrumentaliza os quatro pilares da UNESCO, de Jacques Delors: aprender a conhecer, aprender a fazer, aprender a viver juntos e aprender a ser. Acesse: https://bit.ly/2Af6eUR https://bit.ly/2Qfr1BP

Educação

2. Inspirare – O Inspirare é um instituto familiar, criado em setembro de 2011. Sua missão é inspirar inovações em iniciativas empreendedoras, políticas públicas, programas e investimentos que melhorem a qualidade da educação no Brasil. O trabalho do Inspirare tem como foco quatro objetivos complementares: o Porvir, que utiliza estratégias de comunicação e mobilização social para informar a sociedade sobre tendências e inovações educacionais e orientar práticas educacionais inovadoras. O Iniciativas Empreendedoras, que fomenta, fortalece e articula empreendedores e negócios de impacto social que propõem soluções educacionais inovadoras. Os Laboratórios Educativos com foco na articulação do poder público, comunidades e escolas para experimentarem inovações educacionais e inspirarem novos modelos e práticas pedagógicas. E o Educação Pública Inovadora incidindo sobre políticas públicas e que apoia redes de ensino no desenvolvimento e implantação de inovações educacionais. A Educação Integral Inovadora defendida pelo instituto tem como principais propósitos a promoção do desenvolvimento do aluno em todas as suas dimensões e a resposta às demandas do mundo contemporâneo e ao perfil e interesses das crianças, adolescentes e jovens do século XXI. Assim como eu e você, o Inspirare acredita que uma nova concepção de educação precisa ser pensada.
Acesse: https://bit.ly/2DUD6q2

3. Porvir – Principal site brasileiro de inovação em educação. O Porvir é um dos programas do Instituto Inspirare. É uma iniciativa de comunicação e mobilização social, fundada em 2012, sem fins lucrativos, que mapeia, produz, difunde e compartilha referências sobre inovações educacionais para inspirar melhorias na qualidade da educação brasileira e incentivar a mídia e a sociedade a compreender e demandar inovações educacionais. A concepção de educação compreende diferentes espaços e atores que promovem processos de ensino-aprendizagem, entre eles escolas, universidades, empresas, organizações sociais e governos. O campo de investigação da equipe de jornalistas, mapeia práticas, ferramentas, pesquisas e pessoas relacionadas ao universo da inovação e educação no Brasil e no mundo, com a colaboração de uma rede internacional de voluntários. Você pode fazer parte do Diário de Inovações, compartilhando sua experiência inovadora. Acesse: https://bit.ly/2QieKMO

Inovações e ressignificações

4. Viração – Para apoiar educadores a criarem pontes com o novo discurso do jovem, criou-se o Guia de Participação Cidadã para Educadores – para apoiar educadores sociais e professores a promoverem um debate sobre participação cidadã com seus alunos e fazer com que esses espaços consigam ir além dos minutos finais de aulas, quando o conteúdo já foi atendido, ou eventos comemorativos. Tem como objetivo a mudança de cultura nas relações entre professores, gestores e estudantes. O conteúdo necessário para iniciar a discussão sobre participação cidadã com seus alunos, está disponível no site: https://bit.ly/2rEZMkK

5. *Design Thinking* para educadores – No Brasil, o *Design Thinking* começou a ser difundido em 2010 por Tenny Pinheiro e Luis Alt, fundadores da consultoria Live.work, que iniciaram o primeiro curso de DT na Escola Superior de Propaganda e Marketing (ESPM), em São Paulo. Um ano depois, o termo foi publicamente citado no primeiro TED realizado no país, no Rio de Janeiro, pelos *designers* Rique Nitzsche e Paulo Reis. Em 2012, a IDEO disponibilizou o material *Design Thinking for Educators*, composto por um livro-guia e um caderno de atividades para educadores utilizarem a abordagem em contextos variados. Em 2014, o Instituto Educadigital lança o primeiro *remix* do material, uma versão em português, adaptada ao contexto brasileiro. O material DT para educadores, composto por um livro base e um caderno de atividades que podem ser baixados gratuitamente e mostra como utilizar a abordagem do DT a partir de desafios cotidianos que os educadores enfrentam. Tem como foco central as pessoas no processo e a reflexão sobre o que pode agregar valor à vida delas. É organizado em cinco etapas – descoberta, interpretação, ideação, experimentação e evolução – traz uma proposta para educadores e gestores conseguirem criar soluções criativas para as atividades de ensino e de aprendizagem por meio de um processo que envolve cocriação para chegar a um objetivo comum.
Acesse: https://bit.ly/2gjv93b

6. Kit Educação fora da caixa – É uma caixa de ferramentas de aprendizagem. Nela estão descritas 50 metodologias e abordagens educativas que podem ser úteis a educadores, consultores, lideranças, empreendedores, pesquisadores, estudantes e entusiastas por uma nova educação.
Acesse: https://bit.ly/2SbUZ77

Educação

7. Volta ao mundo em 13 escolas – Um livro sobre o que há de inovador na educação atual. Nasceu do sonho compartilhado pelo coletivo Coletivo Educ-ação. Os 13 espaços de aprendizagem visitados representam parte das iniciativas que hoje estão reinventando a educação trazendo para o centro das discussões valores como autonomia, cooperação e felicidade. Você pode fazer o *download* da obra. Acesse: https://bit.ly/2PSWD0R

8. Recursos Educacionais Abertos – Caderno REA – Por definição "são materiais de ensino, aprendizado e pesquisa em qualquer suporte ou mídia, que estão sob domínio público, ou estão licenciados de maneira aberta, permitindo que sejam utilizados ou adaptados por terceiros. O uso de formatos técnicos abertos facilita o acesso e o reuso potencial dos recursos publicados digitalmente. Recursos Educacionais Abertos podem incluir cursos completos, partes de cursos, módulos, livros didáticos, artigos de pesquisa, vídeos, testes, *software* e qualquer outra ferramenta, material ou técnica que possa apoiar o acesso ao conhecimento". Para entender melhor como funciona a produção dos REA, vale a pena pensar em todo um ciclo de vida (encontrar – criar – adaptar – usar - compartilhar) para o recurso educacional. Acesse: https://bit.ly/2PMELV8

9. Endeavor – A Endeavor é uma organização global sem fins lucrativos com a missão de multiplicar o poder de transformação do empreendedor brasileiro. Cadastre-se gratuitamente e tenha acesso a ferramentas, cursos e pesquisas. Acesse: https://bit.ly/1pjIYgS

10. Programação neurolinguística aplicada ao ensino e à aprendizagem – A aprendizagem depende muito do estado emocional do aluno. Um professor com mais entusiasmo, motivação e habilidade de ensinar como se aprende, vai facilitar e acelerar a aprendizagem de seus alunos. Saber como acessar estados emocionais e habilidades mais adequados para o ensino e a aprendizagem é inovador e potencializa os resultados da aprendizagem. Acesse: https://bit.ly/2OYAKb5

11. Centro de referências em educação Integral - É uma iniciativa da Associação Cidade Escola Aprendiz em parceria com outras organizações não governamentais e com o apoio da União Nacional dos Dirigentes Municipais de Educação (Undime) e da Organização das Nações Unidas para a Educação, a Ciência e a Cultura (Unesco) para promover a pesquisa, o desenvolvimento, aprimoramento e difusão gratuita de referências, estratégias e instrumentos que contribuam para a formulação, gestão e avaliação de políticas públicas de educação integral no Brasil. Acesse: https://bit.ly/2OYBwVp

12. Educação para os objetivos de desenvolvimento sustentável e objetivos de aprendizagem – É um guia para profissionais da educação sobre o uso da Educação para o Desenvolvimento Sustentável (EDS) na aprendizagem para os Objetivos de Desenvolvimento Sustentável (ODS) e, consequentemente, contribuir para a realização dos ODS. Acesse: https://bit.ly/2znYfoN

13. Fundação Lemman - Desenvolve e apoia projetos inovadores em educação, realizando pesquisas para embasar políticas públicas educacionais, oferecendo formação para profissionais da educação e para o aprimoramento de lideranças em diversas áreas. Acesse: https://bit.ly/1Fz9oOv

14. Movimento Teia da vida - A Teia da vida, metodologia orientada para o empoderamento pessoal e harmonização de relacionamentos, foi certificada em 2001 pelo Banco do Brasil como tecnologia social sendo também reconhecida pela UNESCO. Desenvolvida e aplicada ao longo de mais de 30 anos, baseia-se em sistemas observados na natureza. O seu objetivo passa pelo desenvolvimento de conhecimento e de competências que contribuam para o viver de forma saudável, em harmonia conosco e com o que nos rodeia. Acesse: https://bit.ly/2KsSWJg

15. Carta da Terra – Definindo o que é o bem comum, a missão da iniciativa da Carta da terra é promover a transição para formas sustentáveis de vida e de uma sociedade global fundamentada em um modelo de ética compartilhada, que inclui o respeito e o cuidado pela comunidade da vida, a integridade ecológica, a democracia e uma cultura de paz. Acesse: https://bit.ly/2R6ZnE5

Finalizo com um desafio

"Meu filho convidou-me para assistir ao filme 2001 (ele já assistiu 10 vezes). Durante a projeção, explicou-me todos os detalhes

Educação

técnicos (desde cinco anos é especialista em viagens espaciais). Ao terminar, perguntou se eu tinha gostado. Diante do meu entusiasmo, disse melancólico: — Velho, não está vendo que vai ficar assim... Por que não começam logo?"

O que você incluiria neste painel de ideias? Quais foram os *insights* que ocorreram ao conhecer este painel? Este painel contribui para a potencialização da sua cidadania pedagógica/liderança pedagógica? Quais foram as inovações e ressignificações criadas por você baseadas no painel? Sinta-se à vontade para me escrever compartilhando como você realiza a curadoria deste livro/capítulo nos espaços de aprendizagem em que você habita.

Referências
LIMA, Lauro de Oliveira. *Mutações Em Educação Segundo Mc Luhan.* Vozes, 1980.
MORIN, Edgard. *A Cabeça Bem-Feita. Repensar a reforma Reformar o pensamento.* Éditions du Seuil, 1999.
HERNÁNDEZ, Fernando. *Aprendendo com as inovações nas escolas...* [et al.]: trad. Ernani Rosa. Artes Médicas, 2000.
FREIRE, Paulo. *Pedagogia da Autonomia.* Paz e Terra, 1996.

Inovações e ressignificações

12

Drogadição e aprendizagem: um olhar além da interface sujeito/droga

Neste artigo, estudaremos o fenômeno do uso de drogas entre estudantes, analisando pelas prováveis motivações do usuário, considerando a influência da dinâmica familiar e seus efeitos sobre a qualidade dos afetos, relacionando-os aos problemas que se manifestam na escola, mas que compõem uma sintomatologia adrede consolidada

Jair Queiroz

Educação

Jair Queiroz

Psicólogo de orientação Rogeriana em Londrina-PR; Pós graduado em Segurança Pública; foi diretor clínico na ONG italiana Associação Casa Família Rosetta, dedicada a atenção a dependentes químicos; presidiu o Conselho Estadual de Políticas sobre Drogas em Rondônia - 2002/2007 e foi condecorado com Diploma de Mérito pela Valorização da Vida, outorgado pelo Gabinete de Segurança Institucional da Presidência da República, sendo destacado como Referência na Política de Redução da Oferta e da Demanda de Drogas no Brasil; proferiu centenas de palestras e ministrou oficinas de prevenção do uso de drogas em escolas nos Estados do Paraná e Rondônia; Autor de diversos artigos publicados pela Folha de Londrina, versando sobre questões sociais, com destaque para os temas relacionados às drogas.

Contatos
jair_queiroz1@hotmail.com
Facebook: Queiroz Psi-Escritor
(43)98804-9898 (WhatsApp)
(43)3037-8504 (Fixo)

Inovações e ressignificações

Popularmente, o conceito educar/ensinar dicotomiza-se na frase "educação se trás do berço", subtendendo que à escola cabe apenas o papel de transmitir os conhecimentos formais, intelectuais, ou seja, que a família educa, a escola ensina. Especialistas em educação, no entanto, afirmam que o processo educativo está inserido em todas as modalidades das relações humanas e se confunde com o próprio ato de viver. No livro *O que é educação*, lemos: "Ninguém escapa da educação. Em casa, na rua, na igreja ou escola, de um modo ou de muitos todos nós envolvemos pedaços da vida com ela: para aprender, para ensinar, para aprender-e-ensinar. Para saber, para fazer, para ser ou para conviver, todos os dias misturamos a vida com a educação." (BRANDÃO, 1985, p. 7.)

Mas a realidade transcende as mais alvissareiras elucubrações teóricas ao nos mostrar que não basta ser família para prover a educação, assim como não basta ser escola para garantir o ensino/aprendizado. No entanto, ao analisarmos a cronologia do processo educativo, de fato o lar, em condições ideais, surge não só em primeiro, mas também como o mais importante espaço a fornecer as bases para que a educação aconteça na íntegra. É lá que o neófito é inserido – ou deveria ser – nos valores e princípios fundamentais de comunhão, respeito, limites, proteção, sentimento de pertença, solidariedade etc., cuja comunicação se concretiza pelo exemplo e não pelo discurso, quer dizer, se constrói na convivência saudável entre os pares, levando-nos a concordar que nem tudo está errado na concepção leiga sobre a fonte primitiva da educação.

Convenhamos que uma criança concebida em um lar edificante, acolhida por uma família funcional, que tenha pais centrados socialmente e estáveis emocionalmente, estará alicerçada sobre princípios éticos que nortearão seu desenvolvimento no âmbito social e educacional. Apresenta-se criativa, interessada e motivada, agregando os elementos inerentes à aprendizagem significativa (Rogers – 1902/1983), bastando em sua jornada escolar ter acesso a um professor que tenha as mesmas referências e contar com uma metodologia adequada à sua capacidade cognitiva. Um professor centrado, empático, congruente, que enxergue o aluno como o centro da própria aprendizagem, que não busque padronizá-lo ou doutriná-lo como mero depositário de conteúdos e que o respeite na sua "uni-complexidade humana", é essencial para que não haja solução de continuidade na dinâmica apreendida no convívio familiar. Tais características são imprescindíveis para o fortalecimento dos traços saudáveis da personalidade do aluno/educando e fundamentais para propiciar o movimento de equilíbrio interno daquele que por circunstâncias adversas não o tenha encontrado na sua origem. No artigo, *Significant learning in therapy and in education* (Aprendizagem significante em terapia e em educação), Rogers, escreveu: "[...] não pode ocorrer verdadeira aprendizagem a não ser à medida que o aluno trabalhe sobre problemas que são reais para ele; tal aprendizagem não pode ser facilitada se quem ensina não for autêntico e sincero." (ROGERS, 1959, p.32, grifo nosso).

Num ambiente mediado por tais referências, os conflitos interpessoais serão minimizados e os conteúdos edificantes potencializados, diminuindo drasticamente a probabilidade de ocorrências de comportamentos hétero ou autodestrutivos como o uso de drogas, que tem relação direta com o fracasso escolar ao comunicar a insatisfação de estar no mundo, logo, negar se a si mesmo. O encontro entre um estudante com baixa autoestima, apresentando características oligotímicas e um professor desprovido das qualidades acima referendadas, potencializa os sintomas de ambos, desencadeando hostilidades mútuas, colocando em xeque a tríade educar/ensinar/aprender. Sara Pain confirma essa sentença na seguinte observação:

> Pode-se ter um Stradivarius ou um violino de má qualidade, (...) mas é evidente que um bom violinista poderá fazer soar bem o violino de má qualidade, e um inexperiente ou apático não poderá fazer nada com um Stradivarius. (Sara Pain - apud Alicia Fernández - A Inteligência Aprisionada (1991) p.58 – grifo nosso)

Inovações e ressignificações

Se essas são as condições ideais para a promoção do pleno desenvolvimento das potencialidades o dia a dia nos apresenta faces bem menos simpáticas quanto à qualidade dos encontros entre professores e alunos, tanto quanto nas frágeis relações entre pais e filhos, com reflexos nas relações interpessoais em geral.

Alicia Fernández localizou, na dinâmica familiar, a formação de sintomas que interferem na capacidade de aprender, ao afirmar que:

> "A família (...) pode viver se tiver um outro de quem ser ou a quem converter em parasita. A tentativa de diferenciar-se pode chocar-se com o mandato ou a estrutura do clan..." (Alicia Fernández - A Inteligência Aprisionada, p. 97 – grifos nossos).

Esse olhar explicita como os conflitos intrapessoais dos pais, insegurança, baixa autoestima, falhas de caráter e etc., podem levá-los a se apoderarem do pensamento dos filhos, subtraindo-lhes a autonomia e a individualidade, tornando-os inaptos a desenvolverem suas potencialidades. Os reflexos dessa usurpação se manifestam por meio do fracasso escolar, fator de risco para o uso de drogas que decorre do mesmo quadro psicopatológico, cujos sintomas se manifestam na escola como resistência ao aprender/produzir, configurado no desejo inconsciente de não existir – na verdade, o não existir enquanto portador de um sintoma que expressa o mal-estar da existência.

Tais conflitos observados pelos teóricos em tempos pretéritos permanecem inalterados até os dias atuais, porém com uma gritante diferença na responsividade aos seus incômodos: a imensa lista de substâncias químicas elaboradas para facilitar o risco ou fazer gotejar as lágrimas, melhorar a concentração e a percepção de estar no mundo, conforme as necessidades de cada um. Algumas substâncias específicas produzem a inteligência artificial, possibilitando uma aprendizagem fugaz e ilusória que se desfaz ao fim dos seus efeitos.

É um fenômeno que prospera em ritmo vertiginoso e nos leva a concluir que a escola não está apta a lidar pedagogicamente com suas intromissões, gerando um estresse adicional para professores e equipe técnica. Além do baixo rendimento e a evasão escolar, os efeitos desse quadro envolvem conflitos como o *bullying*, ameaças, brigas, roubos etc. A relação disfuncional com a escola, torna os envolvidos defensivos, arredios, irritadiços e às vezes agressivos, desfavorecendo as iniciativas de abordagem direta, motivada mais por medo do que por omissão. O despreparo para lidar com esses sintomas faz com que os julgamentos moralizantes tornem as relações ainda mais conturbadas e o aluno ganhe rótulos de irresponsável, marginal, viciado etc., agravando o problema e afastando cada vez mais as possibilidades de intervenções assertivas. Há quem diga que escola não é clínica de recuperação e que o professor não é profissional de saúde para intervir nessa área que aprenderam a enxergar como uma doença progressiva e incurável. Mas, há também os que veem a questão pela ótica inversa ao postular que o aluno/usuário de drogas não é simplesmente um relapso, irresponsável que renega o aprender por simples rebeldia. Reforçam o pensamento de que esse aluno "não abandona a escola", mas que "é abandonado por ela" devido a sua incapacidade/impossibilidade de compreender e lidar com seus sintomas.

Claude Olivenstein (1989,1991) diz metaforicamente que o dependente químico é alguém que vê sua imagem em fragmentos, como se olhasse num espelho partido. Em suas palavras "(...) ser e não ser, eis aí a questão da criança que se tornará toxicômano..." (Olivenstein-1991.p.85); "(...) toda toxicomania é substitutiva, máscara para não se enxergar o que está no espelho quebrado" (Olivenstein,1989.p.17). O usuário de drogas, portanto, tenta, sem sucesso, colar seus pedaços para poder ver-se na completude da existência.

Para concluir nosso raciocínio, ancoramos esta explanação em dois nos estudos científicos que consubstanciam o enunciado. O primeiro foi conduzido pelo psicólogo/professor, Bruce Alexander e publicados pela *Pharmachology, Biochemistry and Behavior* (1978), intitulado *Effects of housing and gender on morphine self-administration in rats*, que decorreram das suas suspeitas sobre as conclusões obtidas nos testes conduzidos em laboratório nos anos 60, nos quais ratinhos eram condicionados a usarem cocaína ou morfina até ficarem viciados, chegando, em alguns casos à morte por overdose após ingerirem continuadamente a água batizada com as drogas. O psicólogo alvitrou, então, que os ratos agiam assim em razão do estresse propiciado pelo isolamento numa gaiola (caixas de Skinner), dos choques e outros recursos empregados para condicioná-los, logo que os resultados dos

Inovações e ressignificações

testes estavam contaminados. Elaborou, então, o que ficou conhecido por Parque para Ratos, um ambiente espaçoso (8 x 8m^2) com rodas e túneis, onde as cobaias permaneciam juntas com seus filhotes, recebiam alimentos devidamente, embora também recebessem doses de morfina através dos dispensadores de água exatamente como os do grupo de controle, mantidos isolados em gaiolas e submetidos às experiências convencionais. O resultado da prevalência do uso da água com droga foi de até 19 vezes maior no grupo de controle. Um segundo teste foi realizado numa estratégia inversa, onde os ratos, em condições análogas, receberam doses dos fármacos durante um período de 57 dias até ficarem viciados e, depois, foram divididos em dois grupos. Um permaneceu no isolamento na gaiola e o outro foi devolvido ao Parque dos Ratos. Ambos permaneceram tendo a disponibilidade de água pura e água com morfina, porém verificou-se que os que retornavam ao ambiente acolhedor do parque, numa média de dois meses interrompiam o uso, enquanto os da gaiola não conseguiam parar e alguns se drogaram até morrer de overdose.

O segundo estudo foi mencionado pelo médico psiquiatra italiano, Gilberto Guerra, no compêndio sobre a V Conferência Mundial sobre Prevenção do Uso de Drogas, realizada em Roma em setembro de 2003:

> Filhotes recém-nascidos de ratazanas foram colocados nas seguintes situações: Um grupo foi deixado no ninho, podendo amamentar e conviver com a mãe normalmente; outro grupo era retirado do ninho durante quinze minutos ao dia, por um período de quatorze dias, enquanto o terceiro grupo passava três horas longe da mãe também por 14 dias. Ao final verificou-se que os níveis de ACTH e cortisol, o hormônio do estresse eram muito superiores nos membros do terceiro grupo. Estes, quando colocados sobre uma passarela elevada, apresentavam um nível elevado de ansiedade, acima dos demais. Era então ministrado água com açúcar e álcool a ambos e o resultado foi que os do terceiro grupo desenvolveram o vínculo com o álcool numa perspectiva muito maior dos que tiveram mais tempo com as mães. Com essa experiência demonstrou-se a influência das condições ambientais nos primeiros meses de vida (Ata della V Conferenza Mondiale Sulla Prevenzione Dell'uso di Droghe – 2003 – p.225/229 - tradução livre).

Educação

Os resultados desses estudos começam a tomar vulto e influenciar mudanças de posturas em relação às medidas profiláticas e de intervenção, onde a consideração e a atenção aos fatores predisponentes ao estresse ganham relevância. O fracasso escolar é apenas uma das manifestações que servem de alerta para os demais sintomas associados, dentre eles o uso de substâncias psicoativas. A drogadição na escola, portanto, não pode ser visto como a origem dos transtornos apresentados na escola, mas sintomas deles, sintomas que residem nos afetos embotados, na dor que desagrega o ser. O uso de drogas ou o não aprender são mais que rebeldia juvenil, falta de vontade ou pouca capacidade cognitiva/intelectual e demonstram que não é suficiente enfatizar a estrutura cerebral na promoção da aprendizagem, pois os esforços serão minimizados pelas emoções negativas do sujeito aprendente.

Denotamos daí que o incremento das relações interpessoais, a valorização da pessoa /educanda, considerada na sua integralidade pessoal, ou seja, olhado por inteiro e não a partir dos fragmentos com os quais se expressa, é a fórmula para reverter o quadro do uso abusivo de drogas o qual pode se manifestar na escola, mas que transcende a ela, assim como transcende a sociedade, subjuga as leis morais e até as penais, ao responder aos apelos dos afetos embotados, frutos das relações mal formadas na origem, situação determinante do mal-estar cronificado no jovem estudante.

Referências
ALEXANDER, B.K., COAMBS, R.B., and HADAWAY, P.F. (1978). *"The effect of housing and gender on morphine self-administration in rats,"* Psychopharmacology, Vol 58, 175–179. PMID 98787. Disponível em: <https://en.wikipedia.org/wiki/Rat_Park>. Acesso em: 06 de dez. de 2018.
BRANDÃO, Carlos Rodrigues. *O que é educação.* 33. ed. SP: Brasiliense 1995. Coleção Primeiros Passos.
FERNANDEZ, Alicia. *A inteligência aprisionada*; tradução Iara Rodrigues. Porto Alegre: Artes Médicas, 1990.
GUERRA, Gilberto. *Doppia diagnose: aspetti psichiatrici e neurologici / V CONFERENZA MONDIALE SULLA PREVENZIONE DELL'USO DI DROGHE.* Ata della conferenza. Roma: Associazione Casa Rosetta. p.225.
OLIEVENSTEIN, C. *A infância do toxicômano.* In C. Olievenstein. *A vida do toxicômano* (pp.7-36). Rio de Janeiro: Zahar, 1983.
ROGERS, Carl Ranson. *Liberdade para aprender.* Tradução de Edgard de Godói da, Mata Machado e Márcio Paulo de Andrade. 2. ed. Belo Horizonte: Interlivros, 1973.
ROGERS, Carl Ranson. *Um jeito de ser* (tradução de Maria Cristina Kupfer, Heloisa Lebrão, Yone Souza Patto). São Paulo: EPU, 1983.

Inovações e ressignificações

13

Inovação e o direito

A tecnologia e as inovações trouxeram muitos ganhos para a educação. Hoje, professores e alunos têm à disposição ferramentas que possibilitam muitas formas de conhecimento, porém essa mesma tecnologia trouxe muita dor de cabeça quando usadas de formas desvirtuadas, em especial o *cyberbullying*, exigindo que a pedagogia e a psicologia estejam intrinsecamente unidas ao direito para seu combate

Jô Antiório

Educação

Jô Antiório

Advogado com 20 anos de experiência nas áreas de Direito de Família, Educacional e Empresarial, é também Diretor Administrativo/Jurídico do Colégio Padre Anchieta em Osasco há mais de 25 anos. É palestrante e escritor. Formado em Direito pela Faculdade de Direito de Osasco com MBA em Gestão Empresarial pela Fundação Getúlio Vargas. É Diretor do Sindicato dos Estabelecimentos Particulares de Ensino Básico de Osasco e Região (SINEPE), do SIEEESP e da FEEESP. Atuando em instituições do terceiro setor, foi presidente do Rotary de Osasco e indicado como Governador do Distrito 4563 do Rotary International que engloba parte do estado de São Paulo para 2020-21. Foi conselheiro da Associação Cristã de Moços de São Paulo – Osasco e conselheiro da Associação Comercial e Empresarial de Osasco. Atualmente também assina a coluna "Seus Direitos" na revista Vertical News, além de apresentar o Programa "Fala Aí, Jô!" da Rede ConecTv de Osasco.

Contatos
www.joantiorio.com.br
jo@joantiorio.com.br
(11) 3681-6040 / (11) 3681-9338 / (11) 99620-5389

Inovações e ressignificações

Quando pensamos em tecnologia ligada à educação vislumbramos inovações, novas descobertas e um leque de boas novidades. Mas, nem tudo são flores! Temos também o lado negro, e a tecnologia nos mostrou esse lado claramente.

Costumo dizer que o direito, a pedagogia e a psicologia caminham juntas em quase todos os aspectos. E, na tecnologia ligada à educação, não fugimos dessa regra.

Então, juntando essa premissa e a tecnologia que vem sendo cada vez mais aplicada nas escolas e na vida pessoal de cada um chegamos à conclusão de que precisamos e devemos sempre estar de olho em tudo isso.

As inovações vieram sim para revolucionar e dar um novo significado à educação de um modo geral, e durante a evolução isso foi uma realidade que andou ao lado das descobertas.

Computadores desde os primeiros modelos eram sinal de escola moderna, depois vieram os projetores que substituíram os antigos "retropojetores", máquinas copiadoras que aposentaram os mimeógrafos e aquele cheirinho de álcool que os saudosistas sempre lembram, lousas digitais e interativas que mudaram a forma de se dar aula e etc.

Foi a *Internet*, porém, que revolucionou de vez. As pesquisas ficaram cada vez mais fáceis, aposentando as velhas enciclopédias; os sites de notícias ao alcance de todos substituíram, com o tempo, revistas e jornais nas escolas e no dia a dia das pessoas, e ainda nessa evolução provocada pela *Internet* vieram os programas de conversas virtuais, dos quais o ICQ e MSN foram precursores.

Caminhamos mais um pouco e vieram as redes sociais, com o finado *Orkut* revolucionando e posteriormente dando lugar ao *Facebook*, *Twitter*, *Instagram*, *Snapchat*, entre muitos outros.

Os telefones celulares, inicialmente verdadeiros "tijolos" foram diminuindo e se transformando em peças fundamentais no dia a dia das pessoas e consequentemente de estudantes e escolas. Os celulares hoje são usados para tudo, ou quase. Ali, temos

Educação

agendas, diários, máquinas fotográficas, filmadoras, gravadores, videogames, televisores, rádios, GPS, álbuns de fotos, *home banking* e muitas outras coisas, inclusive telefone.

As escolas hoje são dependentes dessa tecnologia toda, mas não podemos esquecer que do outro lado das máquinas existem seres humanos. Seres humanos passíveis de todo tipo de atitude, seja para o bem, seja para o mal.

E é aí que entra o Direito.

Com toda a tecnologia fica difícil o controle, principalmente em sala de aula e nos ambientes escolares.

Professores, diretores, inspetores e, principalmente, outros alunos são vítimas dessa tecnologia exacerbada.

Filmagens indevidas, divulgação de conteúdos exclusivos e às vezes íntimos, plágios, pirataria e principalmente nas escolas o que chamamos de *cyberbullying*.

Inúmeros estudos têm sido feitos, livros publicados e seminários e congressos realizados. Os próprios legisladores se preocuparam com o tema e criaram a Lei 13.185/2015, que trata do *bullying* e cita o *cyberbulling* logo em seu artigo 2º.

E antes de entrar especificamente no *cyberbullying* e nos efeitos do mundo digital na vida em geral, precisamos entender esse fenômeno que, para uns trata-se apenas de uma "frescura", mas que causa sérios transtornos na vida de muitas crianças e adolescentes e muitas vezes os acompanham por toda a vida.

Quem já não ouviu alguém dizer que, em seu tempo, o *bullying* já acontecia e nem por isso trouxe traumas?

Essas mesmas pessoas caem em contradição quando começam a relembrar tais fatos, afinal, mostram que as agressões ou as "brincadeirinhas" como normalmente intitulam o *bullying* estão incrustadas em suas mentes. Lembram nomes de agressores ou agredidos, falam de apelidos que davam ou recebiam e, até mesmo, algumas consequências que até a fase adulta os atormentam ou aos seus antigos colegas.

A Lei trouxe a definição de "intimidação sistemática (*bullying*) como todo ato de violência física ou psicológica, intencional e repetitivo que ocorre sem motivação evidente, praticado por indivíduo ou grupo, contra uma ou mais pessoas, com o objetivo de intimidá-la ou agredi-la, causando dor e angústia à vítima, em uma relação de desequilíbrio de poder entre as partes envolvidas".

Inovações e ressignificações

Podemos resumir e descrever a prática de forma simples e definir como intolerância, discriminação e preconceito, ou seja, como a tentativa de destruição de pessoas.

Devemos ter em mente que alunos que fujam dos padrões, sejam eles estéticos ou comportamentais, dos grupos mais fortes, acabam sendo vítimas de algum tipo de agressão. As vítimas potenciais são os mais tímidos e reservados, aqueles que dificilmente reagirão ou falarão o que está acontecendo para alguém que possa realmente ajudar.

A Lei veio para, basicamente, combater a prática, não prevendo punições. Esse combate cabe especialmente às escolas e professores.

E, nesse caso, como citei no início desse capítulo, o direito, a pedagogia e a psicologia se entrelaçam e trabalham em conjunto.

É preciso levantar o problema dentro da escola e solucioná-lo e não colocar para debaixo do tapete e seguir a vida.

Devemos, dentro do ambiente escolar, inicialmente prevenir que o *bullying* e o *cyberbullying* aconteçam. E isso só pode ser feito com muita conversa, instrução, palestras e a participação ativa dos corpos docente e discente.

As escolas, em conjunto com instituições como a Ordem dos Advogados do Brasil, por exemplo, estão criando meios e desenvolvendo trabalhos no sentido de evitar e coibir essas práticas.

Foi criado, por exemplo, o Programa de Prevenção ao *Bullying* e *Cyberbullying* pela OAB/SP, que convida educadores a meditar sobre o papel de todos em uma sociedade repleta de informações e tecnologias. O combate e a prevenção constituem, acima de tudo, o dever de prezar pela cidadania.

O *cyberbullying*, que basicamente está ligado à inovação e à tecnologia, nada mais é do que todos os tipos de *bullying* desenvolvidos por meio de redes virtuais e do uso de tecnologias da informação e da comunicação.

Muitos autores definem essas práticas restritas ao ambiente escolar, mas não podemos mais nos restringir, afinal, com a tecnologia, toda ação extrapola qualquer limite.

Diversos programas de prevenção e combate têm sido implantados e são materiais que nos dão embasamento para escolher as melhores experiências.

O combate ao *bullying* e *cyberbullying* começa esbarrando inicialmente na comunicação. Muitas vezes, as vítimas têm receio

Educação

ou até medo de falar para quem pode tomar uma atitude mais séria. Segundo levantamento da OAB/SP 52% dos atingidos contam apenas aos amigos mais próximos, ante 8% e 7% que denunciam aos pais ou professores, respectivamente.

Temos ainda os espectadores, para quem os agressores praticam o ato, principalmente. A intenção maior é se divertir, demonstrar poder e mostrar-se como o "bonzão". Se não houvesse o espectador perder-se-ia a motivação. Desses que assistem, temos cerca de 80% que são contrários, porém não sabem ou não têm coragem de intervir.

Os resultados podem ser trágicos. Homicídios e suicídios podem culminar como ápice final dessas histórias, e mais uma vez o triângulo direito, psicologia e pedagogia se encontram. A detecção do problema passa por pedagogos e psicólogos, que podem concluir com exatidão o que está ocorrendo, seja nas conversas dentro do consultório ou na própria escola. Os sintomas são inúmeros e vão desde pequenas dores de cabeça frequentes até a depressão profunda, passando por síndrome do pânico e fobias, sejam elas escolares ou sociais, anorexia, bulimia, TOC, etc. Já os operadores do direito atuarão quando o caso chegar à uma gravidade extrema e precise de uma intervenção mais enérgica. Ações podem ocorrer contra agressores, pais e até mesmo escolas e professores, que muitas vezes se omitem do problema, encarando-os como as citadas "frescuras" do início desse capítulo.

Uma das formas mais interessantes de combate dentro das escolas é democratizando a "justiça". Colocando todos como partes de um processo, desde a informação até a aplicação de punições aos agressores. Quando todos se sentem responsáveis, todos zelam e, ao mesmo tempo, pensam duas vezes antes de praticar qualquer ato. Colégios, professores, alunos e pais unidos podem fazer trabalhos maravilhosos na prevenção e combate ao *bullying* e ao *cyberbullying* dentro e fora das escolas.

Quando estimulamos todos a pensar e a se colocar no lugar do próximo, já temos meio caminho andado. Costumo dizer que muitos agressores pensam duas vezes justamente quando são postos em situações de sua vida real. Quem, afinal, gostaria de ver sua mãe, irmã, namorada ou esposa, no papel de certas vítimas, sendo assediadas, invadidas e expostas? No mesmo sentido quem é gostaria de ver suas questões mais íntimas transformadas em motivo de ataques e agressões?

Inovações e ressignificações

Inúmeros casos são famosos, um dos mais conhecidos no Brasil e que até virou filme, foi o de Bruna Surfistinha. Uma garota retraída, com muitos problemas familiares e que foi exposta de forma covarde por um colega de sala que divulgou cenas íntimas em redes virtuais. Isso levou a menina a fugir de casa, se prostituir e o resto é de conhecimento de todos.

Outro caso, não tão divulgado, mas muito mais grave, acabou levando uma garota ao suicídio, após o *cyberbullying* ser praticado pela mãe de uma garota que quis vingar-se da vítima.

O fenômeno "Baleia Azul" que atingiu em cheio o mundo entre o final de 2016 e início de 2017, chamou a atenção além do *cyberbullying*, para outras práticas perigosas a que nossos jovens estão sujeitos. E também não podemos nos esquecer do lado negro da internet, a chamada *Internet* profunda, ou *"Deep Web"*, um espaço virtual que foge da justiça, é muito maior do que a própria internet e onde o anonimato protege criminosos e a prática de ilícitos. Nesse submundo onde dados, imagens e vidas são destruídas por "especialistas do mal", existe também outra prática criminosa, além do assassinato de reputações, que é o sequestro de informações, dados ou até mesmo obras e o respectivo pedido de resgate, normalmente exigido em moedas virtuais.

Tivemos casos famosíssimos de sequestro de obras, como o suposto roubo do filme *Piratas do Caribe 5*, produção inédita dos estúdios Disney. Houve pedido milionário de "resgate", rechaçado pelo estúdio, mesmo com a possibilidade de divulgação antecipada.

Nesse mundo paralelo da *Internet*, porém, algo ligado ao nosso tema é muito mais preocupante. Praticamente um quarto das pesquisas da *Deep Web* buscam meios de exploração infantil e pornografia.

Vivemos atualmente a era da cultura digital, nossas crianças e jovens não sabem mais viver sem a tecnologia e a educação digital é importantíssima, para que usem as ferramentas para o bem.

Professores e escolas precisam mudar suas visões sobre o mundo digital. A tecnologia não é mais apenas propaganda e nem diferencial, ela faz parte do dia a dia e as competências deverão ser desenvolvidas com esse intuito.

Criando uma nova cultura digital, com certeza, com o tempo, teremos mais educação e o uso de redes sociais e aplicativos de mensagem, por exemplo, não precisarão de regras impostas. Serão naturalmente usadas para o que devem.

Educação

Vemos muitos professores e diretores, atualmente, queixando-se de grupos de conversa por aplicativos ou ainda do que é colocado em redes sociais. Não podemos esquecer que tudo isso veio para ficar, precisamos nos adaptar e usar de forma benéfica e sabermos que não podemos mais cometer alguns deslizes, ou melhor, qualquer deslize não será mais perdoado.

Quando ofensas, divulgações e ameaças surgirem também temos a Lei para nos dar suporte. O uso indevido de imagem, as calúnias, injúrias e difamações, por exemplo, seguem os mesmos ritos processuais penais, porém os cuidados devem ser tomados em dobro. Publicações em redes sociais e conversas em grupos de aplicativos podem configurar crimes dependendo do teor. E nesses casos, as vítimas ou agressores podem ser alunos, pais, professores, diretores ou até mesmo instituições como as escolas.

Referências
Lei nº 13.185 de 06 de novembro de 2015.
SLEIMAN, Cristina Moraes. *Guia do Professor - Programa de Prevenção ao Bullying e Cyberbullying*. Editora do Autor, 2016.

14

Inovações e ressignificações: Contexto empreendedor brasileiro

A educação empreendedora brasileira tem se tornado tema de debates nacionais, publicações nas redes sociais, edições de inúmeros livros, vídeos e filmes para todos os gostos. Nós, brasileiros, temos nosso jeito de ser com abordagens próprias e no contexto empreendedor não é diferente. As inovações empreendedoras têm surgido com o apoio do *marketing* digital, do *coaching* e das mais diferentes correntes do desenvolvimento humano

João Dilavor

Educação

João Dilavor

Life Coaching, Doutor em Educação Brasileira e Mestre em Desenvolvimento e Meio Ambiente pela Universidade Federal do Ceará (UFC), Pedagogo e Bacharel em Ciências Contábeis pela Universidade Estadual do Ceará (UECE), Professor Adjunto da Universidade Federal do Ceará (UFC) Campus em Quixadá (CE) nas disciplinas de Empreendedorismo; Ética, Direito e Legislação; Teoria Geral da Administração; Contabilidade e Custos. Ex-professor substituto da Universidade Federal do Ceará na FEAAC – Faculdade de Economia, Administração, Atuárias e Contabilidade nas disciplinas de Contabilidade para não contadores, Introdução à Contabilidade, Contabilidade Governamental II e Auditoria governamental. Ex-professor da FAC – Faculdades Cearenses nas disciplinas Contabilidade Instrumental, Contabilidade Pública e Orçamento e Contabilidade Comercial II. Empresário contábil.

Contatos
www.joaodilavor.com.br
joaodilavor@gmail.com
(85) 3472-6905
(85) 3282-5172

Inovações e ressignificações

O contexto empreendedor brasileiro é repleto de adaptações de outros países, principalmente dos Estados Unidos da América e de alguns países da Europa, mas também tem suas originalidades que só conseguimos enxergar aqui na nossa terrinha. Nosso jeito tropical de ser e de conviver, e por não dizer de bem viver, deixa qualquer estrangeiro boquiaberto a respeito do *modus operandi* empreendedor brasileiro. Os estrangeiros não entendem como o Brasil têm tantas riquezas naturais, tem muita gente trabalhadora, e não consegue se sobressair como país próspero economicamente e socialmente. Isto também nos intriga. O que está faltando para este salto? Educação pública e privada de qualidade desde as séries iniciais até o ensino superior? Educação técnica e tecnológica preparando para o mercado de trabalho? Educação familiar, que é a célula *mater* da sociedade, segundo Rui Barbosa (1849-1923), nas nossas famílias? Inovação educacional para deixarmos de ser um país exportador de *commodities* para ser um país exportador de tecnologia de ponta? Ética nos relacionamentos ensinada nas famílias e abolição do jeitinho brasileiro de levar vantagem em tudo? São indagações e questionamentos que devemos nos fazer diuturnamente.

Terminei meu segundo grau, hoje ensino médio, em 1982, depois fiz o técnico em contabilidade de dois anos e conclui em 1984. No ano seguinte fui convidado pelo Diretor da escola para ser professor de economia e contabilidade. Foi uma experiência gratificante, mas como eu era funcionário do Banco do Nordeste do Brasil, ser docente era um *hobbie*. Fico imaginando que tivemos muitas inovações nesses 35 anos de educação no Brasil, mas não consigo concluir que todas foram para melhor.

Depois da promulgação da Constituição Federal de 1988, passou-se a pensar sobre a reformulação da LDB – Lei de Diretrizes e Bases da Educação Nacional, que foi aprovada pela Lei Nº 9394/96, de 20.12.1996. Isso marcou um momento do resultado de muitos debates pelo Brasil afora entre educadores e a sociedade em geral, bem como dentro do Congresso Nacional. Diversos aspectos da educação foram tratados nesta legislação, onde destacamos a formação dos professores, a criação dos Institutos de Educação, fundos específicos para a educação, avaliações nacionais, em alguns casos, avaliações estaduais, enfim, depois deste normativo, ações governamentais surgiram nos mais variados níveis de governo. Entretanto, o que mudou?

Há cerca de 20 anos, com o surgimento mais eficaz da *Internet*, da computação, dos meios de comunicação no Brasil – com destaque para os celulares –, da diminuição do tamanho do Estado brasileiro com as privatizações, de vários planos econômicos mal-sucedidos e poucos bem-sucedidos, mudou-se a maneira de educar a população. As vagas aumentaram nas escolas públicas e particulares, desde a educação básica até a educação superior e a pós-graduação. Não vamos discutir aqui, por enquanto, a qualidade desse aumento desenfreado de vagas, bem como desse "interesse" de todos irem pra escola. A moda agora é todo mundo indo estudar, no caso dos jovens, e muitos adultos voltando para a sala de aula. Isso é bom? Claro, é ótimo, mas precisamos que os governos federal, estaduais e municipais se preparem e se planejem para o longo prazo.

Investimentos pesados e organizados em educação vêm resolvendo muitos problemas da humanidade. Desde os países mais desenvolvidos do planeta, como: Estados Unidos, Alemanha, França, Reino Unido, Japão, Itália, Holanda, Irlanda, Suécia, Dinamarca, e outros; até os países que despertaram mais recentemente como Coreia do Sul, os tigres asiáticos, China e Índia com suas limitações, Chile, Canadá, dentre outros. O problema do Brasil é que a educação e outras questões nacionais como saúde, segurança, combate à corrupção, planejamento estratégico, produção agropecuária e energia, são tratadas como políticas de governo e não como política de Estado. Por isso mesmo, observamos períodos de prosperidade e períodos de estagnação ou depressão. Quando vamos, em nível de país, encarar essas questões com seriedade e responsabilidade?

Voltemos à questão do empreendedorismo. Qual o conceito de educação empreendedora que usamos em nosso país? Fernandes (2012) nos assevera que:

> A educação empreendedora possibilita a inserção sustentada no mundo produtivo, no mundo dos negócios. Destaca-se a valorização dos processos educacionais

que estimulam o desenvolvimento do ser humano em todas as suas dimensões, de forma que ele possa contribuir com ideias para o mundo dos negócios e para o ambiente em que está inserido. Há o desejo de buscar mudanças, reagir a elas e explorá-las como oportunidade de negócios (Fernandes, 2012, p. 186).

A Europa publicou o Relatório Eurydice, em 2016, onde menciona o conceito de educação empreendedora, como sendo:

O relatório assenta numa definição comum de educação para o empreendedorismo. À semelhança do que sucedeu no relatório Eurydice 2012 (EACEA/Eurydice, 2012), esta definição é retirada da Recomendação do Parlamento Europeu e do Conselho sobre as competências essenciais para a aprendizagem ao longo da vida de 2006, que identificou um "espírito de iniciativa e espírito empresarial" como uma das oito competências chave: «O espírito de iniciativa e o espírito empresarial referem-se à capacidade de os indivíduos passarem das ideias aos atos. Compreendem a criatividade, a inovação e a assunção de riscos, bem como, a capacidade de planejar e gerir projetos para alcançar objetivos. Esta competência é útil aos indivíduos, não só na vida de todos os dias, em casa e na sociedade, mas também no local de trabalho, porque os torna conscientes do contexto do seu trabalho e capazes de aproveitar as oportunidades, e serve de base à aquisição de outras aptidões e conhecimentos mais específicos de que necessitam os que estabelecem uma atividade social ou comercial ou para ela contribuem. Tal deveria incluir a sensibilização para os valores éticos e o fomento da boa governação». (EACEA/Eurydice, 2016:21)

Com base no conceito brasileiro e olhando para conceitos internacionais como o europeu, o SEBRAE – Serviço Brasileiro de Apoio às Micros e Pequenas Empresas vem atuando e incentivando a educação empreendedora e a inovação em todo território nacional.

Educação

A inovação nos mostra resolução de problemas, descoberta de bens e serviços com uma naturalidade impressionante, a simplicidade convivendo com a complexidade para melhoria da vida na terra. Alguns conceitos de inovação utilizados no Brasil, a saber:

> Inovação significa criar algo novo. A palavra é derivada do termo latino innovatio, e se refere a uma ideia, método ou objeto que é criado e que pouco se parece com padrões anteriores. Hoje, a palavra inovação é mais usada no contexto de ideias e invenções assim como a exploração econômica relacionada, sendo que inovação é invenção que chega no mercado. Atualmente, a separação entre inovação e produção é considerada fraca, às vezes tendendo a se mesclar e confundir com o passar do tempo.[1]

Segundo o Manual de Olslo[2] (1990-1992-1997), inovação é a introdução de algo novo em qualquer atividade humana. A diversidade de significado de inovação dá-se pela abrangência de sua aplicação como vetor de desenvolvimento humano e melhoria da qualidade de vida.

E na esfera educacional brasileira, o que se inovou até hoje? Várias ciências procuram descobrir formas novas de ensinar, ou seja, de passar conhecimentos do professor para o aluno ou estudante através da relação ensino x aprendizagem. A pedagogia procura, por meio de diversos saberes, transmitir o conhecimento sistematizado aos aprendizes. Na antiguidade, o pedagogo era o escravo que conduzia as crianças abastadas aos níveis dos diversos conhecimentos humanos. A educação é um fenômeno social e especificamente humano. Esta é uma das conclusões de diversos teóricos educacionais. Hoje, a pedagogia faz parte das chamadas ciências humanas, juntamente com a Filosofia, Geografia, Psicologia, Ciências Sociais, Direito, Arqueologia, História, Serviço Social e outras.

Nós ainda ensinamos nos moldes dos jesuítas, que liderados por seu fundador Inácio de Loyola, em 1599, fizeram uma verdadeira revolução e inovação na maneira de ensinar da época. Os jesuítas criaram o Plano de Estudos da Companhia de Jesus – *o Ratio atque*

---

1. https://bit.ly/1XPDLZB Acesso em: 05/06/2017.
2. https://bit.ly/2r9Gll2 Acesso em: 05/06/2017.

Inovações e ressignificações

Institutio Studiorum Societatis Jesu – que abreviadamente seria:
> O Ratio Studiorum preceitua a formação intelectual clássica estreitamente vinculada à formação moral embasada nas virtudes evangélicas, nos bons costumes e hábitos saudáveis, explicitando detalhadamente as modalidades curriculares; o processo de admissão, acompanhamento do progresso e a promoção dos alunos; métodos de ensino e de aprendizagem; condutas e posturas respeitosas dos professores e alunos; os textos indicados a estudo; a variedade dos exercícios e atividades escolares; a frequência e seriedade dos exercícios religiosos; a hierarquia organizacional; as subordinações...Exigia-se a elaboração de composições escritas com aprimorado rigor; liam-se autores greco-romanos, em especial Aristóteles, Cícero, e a retórica propunha formar o perfeito orador. Percebe-se que o sistema de ensino deveria eleger autores e pensadores vinculados ao pensamento oficial da Igreja, razão pela qual emerge vigorosamente a figura de Tomás de Aquino. (FRANCA, 1952).

Alguns poderiam até dizer que seria muito pessimismo achar que mudou pouca coisa desde o século XVI, mas algumas introduções como a lousa ou o quadro negro com giz, agora quadro branco com pincel. Antes pergaminhos, depois papel e canetas tinteiros, máquinas de escrever; agora computadores, *datashow* ou lousa digital. Até o presente momento só conseguimos enumerar artefatos inventados para transmitir o conhecimento, mas a filosofia do ensino e aprendizagem é basicamente a mesma. Será que a inovação que faltaria seria a ressignificação?

O conceito de ressignificação pode ser assim apreendido:

> Ressignificação é o método utilizado em neurolinguística para fazer com que pessoas possam atribuir novo significado a acontecimentos através da mudança de sua visão de mundo. A programação neurolinguística utiliza várias técnicas para fazer com que as pessoas percebam o mundo de uma maneira

Educação

mais agradável, proveitosa e eficiente. O significado de todo acontecimento depende do filtro pelo qual o vemos. Quando mudamos o filtro, mudamos o significado do acontecimento, e a isso se chama ressignificar, ou seja, modificar o filtro pelo qual uma pessoa percebe os acontecimentos a fim de alterar o significado desse acontecimento. Quando o significado se modifica, as respostas e comportamentos da pessoa também se modificam[3].

    É essa visão de mundo que nós educadores brasileiros precisamos trabalhar no nosso cotidiano docente, a fim de transformar a visão dos nossos jovens de "sonhadores de empregos, principalmente de emprego público" para "sonhadores do negócio próprio", para empreendedores. No Brasil o concurso público ainda faz parte dos sonhos de milhões de jovens. Uns por causa dos salários um pouco acima do mercado nacional. Outros, por prometer uma estabilidade, que a cada dia é mais questionada, tendo em vista mudanças periódicas de perdas de direitos dos trabalhadores no serviço público nos três níveis da Federação. Outra questão é uma visão distorcida da sociedade brasileira em relação a alguns servidores públicos. Na maioria das vezes, funcionários públicos que esbanjam desmandos e contravenções não são concursados, mas todo o serviço público nacional é penalizado perante à população. Esses são servidores públicos indicados por políticos e não fazem parte dos quadros de carreiras do serviço público. Na mesma linha de pensamento, a mídia brasileira, na maioria das vezes com razão, nivela os servidores públicos por baixo, quando falam que eles não cumprem com suas atribuições do cargo, faltam muito, não são punidos, são um peso para o contribuinte brasileiro na relação custo x benefício, são corruptos, esquecendo-se de que para ter corrupto precisa haver corruptor. E esses corruptores são integrantes dessa própria sociedade que condena os servidores públicos.

    Finalmente, podemos afiançar que a mudança do paradigma atual para um contexto empreendedor passa, inexoravelmente, por uma educação de inovações e ressignificações no campo do empreendedorismo, desde as séries iniciais até o ensino técnico,

3. https://bit.ly/2Qq1cig Acesso em: 05/06/2017.

tecnológico, bacharelado e pós-graduação. A maneira de ensino/aprendizagem com vivências e participações entre mestres e aprendizes num ambiente escolar propício ao desenvolvimento humano e ao autoconhecimento propiciará essa mudança de *mindset*[4] brasileira. É ensinando e aprendendo que se dá este salto qualitativo.

Referências
Comissão Europeia/EACEA/Eurydice, 2016. *Educação para o Empreendedorismo nas Escolas Europeias.* Relatório Eurydice. Luxemburgo: Serviço de Publicações da União Europeia. PDF ISBN 978-92-9492-216-8 doi:10.2797/5984 EC-02-16-104-PT-N
FERNANDES, Flávia. In: Sebrae. *Pequenos Negócios – Desafios e Perspectivas –* Desenvolvimento Sustentável. Volume 2. Carlos Alerto dos Santos (coord). Brasília: Sebrae, 2012.
FRANCA S.J., Leonel. *O método pedagógico dos jesuítas: o "Ratio Studiorum":* Introdução e Tradução. Rio de Janeiro: Livraria Agir Editora, 1952.

---
4. https://bit.ly/2LzGk2U Acesso em: 10/06/2017.

Inovações e ressignificações

15

Será que há uma receita pronta para implementar a Gestão Educacional?

Você já parou para pensar na velocidade em que o mundo se transforma?

Karla Corrêa

Educação

Karla Corrêa

Coach de Adolescentes, *Coach* de Mulheres e *Coach* de Liderança. Consultora, palestrante, escritora, professora e advogada. *Advanced Coach* (Abracoaching), *Teen Coach* (ICIJ-Instituto de Coaching Infanto juvenil), Coach de Liderança (Instituto Orientando Quem Orienta), *Coach* Mulher Única (Universidade da Família), Especialista em Gestão Educacional e Administração Pública, MBA em Gestão Empreendedora (UFF).

Contatos
www.karlacorreacoach.crieresultados.com.br
karlacorreacoach@gmail.com
Facebook: @karlacorreacoach
Instagram: karlacorreacoach
(21) 98592-7275

Inovações e ressignificações

Há transformação nas mais diversas áreas: tecnológica, social, cultural, médica, educacional, entre outras. Isto é o que contribui para o processo evolutivo da humanidade pois, como seres dotados de capacidades reflexivas, somos habilitados a procedermos com observação, análise e tomada de decisões, iniciando o processo de mudança internamente para depois ser externalizado.

Neste contexto, vivenciamos uma era de surgimento de novos modelos educacionais, com exigências reais do pleno exercício da democracia. Embora sejam imprescindíveis para o sucesso escolar, os desafios para envolver a comunidade nos processos democráticos são grandes e muito complexos, tendo em vista que este ato implica em quebra de paradigmas. Contudo, a modificação que vem ocorrendo na educação brasileira está exatamente pautada nos processos democráticos, de forma que todos tenham acesso ao que se passa na escola.

Os avanços educacionais observados são positivos para o fortalecimento de uma educação qualitativa, inclusiva e contemporânea. Assim sendo, as instituições começam a dedicar atenção ao tipo de gestão praticado para que realmente possam atender as demandas da atual sociedade e oferecer a excelência na qualidade dos serviços prestados. É imperativo que o gestor acompanhe os avanços mundiais e esteja alinhado com as necessidades dos alunos. Para tanto, o sucesso da gestão escolar perpassa por uma liderança participativa, com objetivos claros de simplificação e desburocratização dos serviços, de motivação da equipe e satisfação de todos os envolvidos no processo educacional, evidenciando transparência nos atos e priorizando sempre o coletivo. Este tipo de liderança aos poucos tem se estabelecido no contexto educacional. E vem avançando na medida em que se fortalecem os organismos colegiados, como o Conselho Escolar e o Grêmio Estudantil.

Educação

Quais as características de um bom líder?

O bom líder trabalha tanto quanto sua equipe. Se quiser atingir uma meta, ele deve ser o exemplo de como se trabalhar para atingi-la. Ele motiva a equipe e "chega junto". Hoje, para que as instituições sejam eficientes e eficazes, precisam contar com uma liderança que agregue conhecimento e empatia. Assim, os liderados se sentirão estimulados a desenvolver o melhor de si, pois têm suas habilidades e competências valorizadas.

O líder educacional deve primar pelo fortalecimento de sua equipe demonstrando conhecimento, envolvimento e influência positiva através de seu trabalho. Ele deve seduzir o grupo para o engajamento, e isso vai muito além de ordenar e comandar. O líder é muito mais um articulador e um negociador do que alguém com autoridade formal e legalmente constituída. É um sujeito que trabalha gerindo equipes, de forma envolvente e estimulante, para que atinjam as metas estabelecidas, não fazendo que seus liderados sejam apenas "peças" cumpridoras de metas. O líder educacional deve conhecer o que acontece em todo o espaço escolar, seus colaboradores e sua clientela. Assim ele poderá conduzir todo o processo de gestão com cautela, entendimento e habilidade. Como afirma Cortella, a um chefe você obedece, um líder você segue, procura e admira. Desta forma, torna-se muito mais fácil para o gestor propor ideias novas e significativas, com grande probabilidade de aceitação, almejando mudanças organizacionais e pedagógicas, porquanto coloca-se à disposição de sua equipe e tem uma postura amistosa e diplomática.

Entretanto, não basta que um gestor desenvolva a gestão de forma participativa. É preciso inovar e ressignificar a prática, de modo que alcance e consolide o apoio efetivo da comunidade escolar e assim consiga estabelecer metas de melhoria e planejar ações específicas, sendo partilhadas por todos e, principalmente, tendo o comprometimento de todos no alcance dos resultados pretendidos. Hoje, o que se espera de um gestor é que consiga alcançar bons resultados, mesmo em meio as dificuldades enfrentadas, inseridos em contextos escolares desfavoráveis e enfrentando as mais variadas adversidades dentro e fora da escola. Neste sentido, desenvolver ações que priorizem o coletivo e potencializem a criatividade podem ser instrumentos facilitadores da gestão, capazes de gerar envolvimento da equipe e contribuir para o alcance destes resultados.

Inovações e ressignificações

Ações que fazem a diferença!

Na gestão educacional, três ações podem fazer a diferença: a organização dos espaços, a valorização das pessoas e a comunicação eficaz. Tocando nestes três pontos, com respeito e diálogo, há uma enorme chance de atingir o êxito na gestão. São desafios que o gestor deve enfrentar, porém pautados na (re)construção do ambiente escolar e na formação bem-sucedida de seus alunos.

Quer saber um pouco da minha experiência com gestão escolar? Então vem comigo!

Considerando todo este contexto, relato aqui um pouco da minha experiência em gestão educacional no ano de 2013. Esta seria a minha segunda experiência como gestora escolar. A primeira vez que atuei como diretora foi em 2004. Foi bom e serviu como um parâmetro para a minha segunda experiência em liderança, pois já sabia o que poderia dar certo e o que não, como poderia investir e inovar e o que deveria descartar. Então, ao assumir pela segunda vez a direção de uma escola pública, procurei estabelecer uma gestão integrada e participativa, aplicando uma nova metodologia gerencial com ênfase na missão, na visão estratégica e nos valores da escola, valorizando as pessoas, tratando a todos com equidade, respeito e consideração. Quando as pessoas são acolhidas e tratadas com respeito tendem a se abrir melhor para o novo, para a mudança. E era tudo o que eu precisava naquele momento: conquistar a comunidade escolar.

O meu primeiro passo ao chegar à escola foi de observação. Percorri todo o espaço escolar com um caderno e uma caneta em mãos e anotei o que estava precário, o que poderia mudar de lugar, o que estava bom e o que poderia ser melhorado. Fiz um diagnóstico e em seguida reuni os meus colaboradores, funcionários de apoio, e solicitei ajuda para pôr a mão na massa. A escola tinha uma biblioteca que vivia fechada, com odor de mofo, livros velhos misturados com novos e não havia espaço suficiente para alunos e demais pessoas que se interessassem em visitá-la. Este foi o meu primeiro grande projeto! Mudamos a biblioteca para outra sala maior e mais arejada, adquirimos mesas e cadeiras plásticas e selecionamos os livros. Enfeitamos todo o espaço tornando-o agradável e prazeroso. Logo

Educação

após, partimos para a Sala dos Professores. Esta funcionava em duas pequenas salas interligadas, consequentemente, reforçava a formação de grupinhos e não propiciava o encontro entre todos. Trocamos para outra sala, mais ampla, sem divisão, e arrumamos com carinho para receber os professores no retorno das férias. E não é que a Sala dos Professores ficou bem jeitosinha! Estas duas mudanças de espaço foram as principais para dar uma cara nova à escola já no início do ano. Quando os alunos e professores voltaram de férias viram a modificação e percebi que gostaram muito. Principalmente os alunos, que adoraram a nova biblioteca.

Organizar espaços no ambiente escolar estimula a melhoria da qualidade do ensino, posto que em um ambiente adequado e propício à aprendizagem desperta o interesse dos alunos e permite que o educador e o educando estabeleçam relações positivas, interagindo com maior facilidade. Quando mudamos algo de lugar e conseguimos melhorar o ambiente cria-se uma sensação de estar vendo algo novo, que acaba por ativar a vontade de estar neste ambiente.

Com o retorno dos professores, para a semana de planejamento, desenvolvi algumas ações inovadoras para eles, que se já haviam vivenciado, há muito que não participavam de atividades diferenciadas assim. Programei as seguintes atividades:

• Apresentação do meu Plano de Gestão, possibilitando interação com todos no momento da exposição, trocando sugestões para o trabalho pedagógico.

• Ficha de Apresentação (perguntas sobre o professor e seu trabalho, sugestões e expectativas) e dinâmica de grupo.

• Palestra (a palestrante convidada fez uma excelente apresentação, motivando os professores com o tema Criatividade).

• Ida ao Teatro para assistir à peça *Sassaricando* (com ônibus e convites gratuitos para todos os professores).

Um dos segredos de obter sucesso na gestão é a valorização das pessoas. Considerá-las importantes, elogiar suas atitudes e divulgar seus feitos positivos motiva e aproxima toda a comunidade escolar da Direção. Quando há livre acesso à gestão e respeito ao espaço do outro há a tendência de gerar afinidade e empatia, que facilitarão a convivência harmoniosa e a eficiência do trabalho desenvolvido.

Investir em ações que possam gerar satisfação ao Corpo Docente, como acolhimento, suporte e condições de realização do trabalho pedagógico permitem um maior comprometimento com o trabalho, o entrosamento com os colegas e a abertura a novas ideias, capazes de transformar a prática dentro e fora da sala de aula.

Com os alunos não é diferente. A valorização acontece quando a Direção os recebe, dá ouvidos às suas opiniões e considera as sugestões do que gostariam de ver implementadas na escola, analisando a viabilidade de execução e dando-lhes *feedback* de cada proposição. Esta simples ação provoca mudanças comportamentais e favorece a aprendizagem, uma vez que assegura o protagonismo juvenil, despertando o senso de responsabilidade pelo espaço escolar e pelo próprio desempenho acadêmico.

Outra ação importante que fortalece a gestão é a comunicação eficaz, pois favorece o entendimento entre as partes, evitando conflitos, estabelece troca de informações, importante para a realização do trabalho de forma eficiente, e permite exercitar o poder da fala e da escuta. A comunicação é um elemento muito complexo, dada a complexidade do ser humano. A falha na comunicação acarreta sérios problemas, como ruídos e informações falsas, problemas de convivência, desconfiança, intempestividade na realização das tarefas, falta de padronização na execução de ações e outros. Portanto, o gestor, que é o líder e responsável pela organização e produtividade de todos os setores, deve cuidar para que a comunicação seja de fato eficaz e chegue ao destino de forma clara e objetiva, sendo para isso importante usar os variados recursos disponíveis a fim de atingir todos os destinatários.

> A comunicação traz um duplo desafio: aceitar o outro e defender sua identidade própria. No fundo, a comunicação levanta a questão da relação entre eu e o outro, eu e o mundo. Há uma dimensão antropológica e ontológica na comunicação (WOLTON, 2006).

Como exemplo desta comunicação eficaz, durante a minha gestão, todas as informações advindas da Secretaria de Educação e demais emissores, eram repassadas por e-mail a todos, porque criamos uma lista de e-mails e telefones para nos auxiliar na divulgação das informações, bem como usamos também murais informativos. Mas, uma ação simples que deu muito certo no gerenciamento da escola, entre os membros da Direção, foi a adoção de um Caderno de

Educação

Registros, onde partilhávamos o dia a dia da escola. Todas nós, da equipe diretiva, anotávamos as tarefas diárias, marcávamos as que foram realizadas, os resultados e *feedbacks* e as pendências que passavam para o dia seguinte. Assim, conseguimos minimizar os erros, inadimplências e procrastinação das demandas administrativas e delegar as tarefas específicas de cada um. Também passamos a realizar reuniões de equipe semanalmente para analisar, avaliar e planejar a nova semana, com base nos registros. Estas ações foram padronizadas durante a minha gestão.

Não é como uma receita de bolo, mas pode funcionar!

Iniciativas diferenciadas de gestão escolar propiciam processos criativos de articulação e transformação do clima organizacional, promovem uma maior integração dos diferentes setores da escola, fortalecendo as relações interpessoais e contribuindo para a diminuição da violência, para a melhoria do processo educacional e para motivar professores e alunos.

Ações inovadoras e que ressignificam a educação, estabelecem mudanças de hábitos, construção e reconstrução de valores e oportunizam o surgimento de uma nova cultura, dando sentido à escola e fortalecendo o sentimento de pertencimento ao espaço escolar.

Cada gestor percorre seu próprio caminho, planejando, executando e avaliando todo o processo até alcançar o nível educacional desejado. Não há receita pronta, mas se espelhar em modelos bem-sucedidos de gestão, adequando-os a cada realidade específica é possível.

Referências
CORTELLA, M.S. *A arte de liderar*. {on line}. Disponível na Internet via https://www.youtube.com/watch?v=WjWeJbOVYP8. Arquivo capturado em 15 de Janeiro. 2017.
WOLTON, D. *É preciso salvar a comunicação*. 1.ed. São Paulo: Paulus, 2006.

Inovações e ressignificações

16

A importância da educação socioemocional nas escolas

Nossos jovens serão os líderes de amanhã, precisamos de uma nova geração de pensadores que faça a diferença no mundo. Compreender e gerir emoções, estabelecer e atingir objetivos, tomar decisões autônomas, responsáveis e enfrentar situações adversas de maneira criativa e construtiva tem se mostrado um caminho eficaz para alavancar a aprendizagem

Kathiane Hernandes Nigro

Educação

Kathiane Hernandes Nigro

Psicóloga Clínica e Escolar, Psicopedagoga, coordenou equipe de professores aplicadores do programa de Educação Socioemocional da Escola da Inteligência do Grupo Educacional Augusto Cury por 3 anos, também foi professora de Educação Socioemocional no ensino fundamental e ensino médio no programa da Escola da Inteligência do Grupo Augusto Cury em Escola Privada de Ourinhos no estado de São Paulo. Consultora Organizacional, Palestrante & Coach de Carreira, Vocacional e Educacional. CEO da DINÂMICA – Consultoria & Treinamento, especializada na gestão de pessoas, planejamento estratégico e desenvolvimento de lideranças. Experiência no meio organizacional por palestras de alto impacto, treinamentos motivacionais, aconselhamento de carreiras, recrutamento, seleção e promoção. Conduz *Workshops* de aprimoramento de performance para inúmeros profissionais do setor público e privado a mais de 15 anos. Pós-graduada em Gestão de Pessoas, Gestão de Negócios e Gestão de Recursos Humanos.

Contatos
www.dinamicapsicologia.com.br
ka@dinamicapsicologia.com.br
(14) 3326-2167
(14) 3324-9500
(14)99658-5274

Inovações e ressignificações

Pesquisas realizadas em diversas áreas do conhecimento como educação, psicologia, neurociências e economia revelam que o desempenho cognitivo dos alunos é beneficiado quando as competências socioemocionais são desenvolvidas de forma intencional. Mostram, também, que alunos com maior inteligência emocional apresentam mais facilidade em aprender os conteúdos escolares.

Compreender e gerir emoções, estabelecer e atingir objetivos, tomar decisões autônomas e responsáveis e enfrentar situações adversas de maneira criativa e construtiva tem se mostrado um caminho eficaz para alavancar a aprendizagem.

Sempre que penso nisso, fico muito inquieta. Porque acredito fortemente que seja preciso rever, repensar, e realizar novas abordagens, novos métodos, para DESPERTAR nas crianças o INTERESSE e maior preparo emocional para seguir seus impulsos e curiosidades. Que modelo de educação seria esse então?

Há alguns anos comecei a pesquisar sobre o assunto e um UNIVERSO muito amplo se abriu!

Logo que tive minha filha, e comecei a escolher um colégio para ela estudar, desejava que ela pudesse desenvolver além do intelecto tradicional, suas habilidades e dons particulares, ligados a curiosidade que ela apresentava e extravasa os conteúdos programáticos regular.

Que tem a ver, com gostar de música, gostar de desenhar, gostar de soletrar, gostar de inventar coisas, brincar com tinta, pular corda.

De ser curiosa sobre o que eu faço com as roupas que ficam pequenas nela (e nesse "gancho" ensinar que podemos DOAR itens que serão muito úteis para outras pessoas), crianças são suscetíveis a exemplos e referências, e a educação que recebem, nasce através de todas as formas de INTERAÇÃO.

Eu acredito que deve haver mais pessoas que se sintam "incomodadas" com os modelos adotados em grande maioria na sociedade brasileira, e sei que o trabalho para que isso tudo se amplie, é ENORME, mas ler pesquisar e estudar a respeito me fez sentir vontade imensa de compartilhar essas observações e apontamentos.

Educação

Refletir sobre esse tipo de reestruturação inclui planejamento e estudo relacionados a currículo, formação de professores, avaliação, realinhamento de práticas pedagógicas, reflexão sobre modelo de gestão, análise de recursos necessários, e principalmente de pensar na forma como essa "revolução" pode ser apresentada e transmitida para mestres, pais e crianças.

EDUCAÇÃO é um direito assegurado pela Constituição Federal e Estatuto da Criança e do Adolescente, que deveria proporcionar o desenvolvimento de forma integral em condições de liberdade e dignidade, respeitando e valorizando as diferenças, sendo esta o alicerce indispensável e condição primeira para o exercício da cidadania e acesso aos direitos sociais, econômicos, civis e políticos. A escola, além de promover o sucesso acadêmico, deveria ajudar seus alunos a interagirem socialmente de forma respeitosa, adotarem comportamentos seguros e saudáveis, agirem eticamente, bem como a terem postura democrática e cidadã. Mas, analisando as nossas práticas escolares, será isso a realidade educacional brasileira?

Nossa cultura educacional ainda está impregnada daquilo que podemos chamar de "hipótese cognitiva", ou seja, de que o sucesso depende capacidade cognitiva do indivíduo.

Desde a década de 1990 do século passado, ao ser verificada a relação bidirecional entre emoção e as componentes de Inteligência Emocional, que as comunidades científicas com responsabilidades na área da educação têm vindo a assumir estas temáticas e a defender a sua inclusão, como matéria formativa curricular, tanto para educadores como para professores de qualquer nível de ensino ou área científica.

Os conceitos de Competência Emocional foram desenvolvidos a partir do conceito original de Inteligência Emocional, difundido para a comunidade através da obra de Daniel Golleman, que tem tido uma progressiva e consistente presença em publicações científicas.

Este conceito foi aplicado à educação infantil, à educação de jovens universitários e, até, à formação de adultos e idosos. Recentemente, tem sido defendida a importância da Competência Emocional nas Organizações e da Inteligência Emocional no seio das equipes de trabalho.

Inteligência emocional é a habilidade de convivermos, tomarmos consciência e sabermos educar as nossas emoções, e aprender a fazer a gestão do processo da nossa emoção na relação com o outro.

Inovações e ressignificações

A importância da aprendizagem socioemocional tem sido amplamente debatida estimula o aumento da autoestima e um melhor relacionamento consigo mesmo, pois a partir do momento em que cresce a confiança em si mesmo, nos sentimos mais resilientes e preparados para enfrentar os desafios da vida, além de adquirirmos relações mais saudáveis.

As chamadas competências para a vida, que incluem as socioemocionais, se referem a habilidades como colaboração e pensamento crítico, entre diversas outras que usamos para lidar com nossas próprias emoções, no relacionamento com os outros e na busca por atingir objetivos. Outras análises mostram que é possível promover o desenvolvimento dessas competências ao longo de toda a vida, sendo a escola um espaço importante onde isso pode e deveria ser feito.

Não estamos falando de mudar uma personalidade para se adequar a um padrão, mas de oferecer oportunidades para os estudantes refletirem sobre sua identidade e sobre as escolhas que querem fazer.

Oferecer às crianças e jovens uma educação que os leve a desenvolver competências necessárias para aprender, conviver e trabalhar em um mundo cada vez mais complexo. Esse é o grande desafio da atualidade: preparar os jovens não apenas para o aprendizado dos conteúdos curriculares, mas também a serem pessoas colaborativas, com pensamento crítico e preparadas para resolver problemas, distanciando-se da mera reprodução sem reflexão.

As competências cognitivas e as socioemocionais relacionam-se estreitamente entre si. Pesquisas revelam que alunos que têm competências socioemocionais mais desenvolvidas apresentam maior facilidade de aprender os conteúdos escolares.

Isso porque o ato de aprender não envolve apenas competências ligadas à velocidade de raciocínio e à memória, mas exige também motivação e capacidade de controlar a ansiedade e as emoções.

As competências socioemocionais incluem um conjunto de habilidades que cada pessoa tem para lidar com as próprias emoções, se relacionar com os outros e gerenciar objetivos de vida, como autoconhecimento, colaboração e resolução de problemas. Essas competências são utilizadas cotidianamente nas diversas situações da vida e integram o processo de cada um para aprender a conhecer, aprender a conviver, aprender a trabalhar e aprender a ser. Ou seja, são parte da formação integral e do desenvolvimento de todos.

Educação

No século 21, a interconectividade e a crescente complexidade das transformações sociais, tecnológicas, entre outras, têm ampliado a relevância dessas competências para a realização no âmbito pessoal, de trabalho e social.

Muitos estudos indicam que as competências socioemocionais podem ser desenvolvidas intencionalmente no ambiente escolar, seja em atividades próprias para isso, ou articulando um conjunto de componentes curriculares.

Na escola, os alunos aprendem a se relacionar, a lidar com diferentes opiniões e costumes, a trabalhar em equipe e até a estabelecer alvos mais elevados para si mesmos. Isso exige que eles desenvolvam uma série de habilidades não estritamente cognitivas, mas que têm mais a ver com sua capacidade de construir relações de confiança e de se autoconhecer, de mobilizar ou controlar suas emoções, seja para atingir objetivos escolares ou para criar um ambiente positivo ao seu redor.

A escola ainda proporciona uma aprendizagem voltada ao desenvolvimento do pensamento puramente cognitivo, e em contrapartida grande parte do pensamento exigido fora dela exige do sujeito capacidades muito mais voltadas para a gestão de situações adversas, de gerenciar pessoas, com desenvolvimento das inteligências intra e interpessoais. Portanto, a escola precisa sair da posição de uma visão uniforme de educar para uma visão muito mais ampla, conceituada por Gardner (2000) como uma escola mais humanista, centrada no indivíduo, e que desenvolva todos os âmbitos, não somente o aspecto cognitivo dos alunos.

Diante da realidade contemporânea, evidenciada pela complexidade de educar numa sociedade ansiosa, consumista, com crianças e jovens que valorizam o "ter" (brinquedos, celulares, roupas de marca, objetos), com informações rápidas e relações fugazes, é importante compreender o novo papel da escola, como um espaço educacional multiplicador de pessoas que pensam, que vivem em um momento histórico e social de "vida tecnológica", de seres que necessitam de qualidade de vida e saibam gerenciar esses pensamentos, essas situações e reações emocionais.

Observa-se que a sala de aula hoje permeia um espaço de pessoas ansiosas, tensas, sem relacionamentos mais profundos, superficiais, produto da mudança de valores desse novo milênio e das novas configurações que originaram um novo comportamento; portanto, é importante que a emoção vá à escola, e as instituições de ensino desenvolvam em seus alunos a arte de conviver com suas emoções, e não apenas passar conhecimento técnico, não se pode perder de vista a sensibilidade humana. Para tal, é necessária a inclusão de um currículo voltado também para o desenvolvimento da competência emocional do indivíduo.

Certamente, a transformação da escola oportunizará a mudança das atitudes e construirá a arte de pensar e a autonomia que humaniza. Trata-se, portanto, de uma nova visão educacional que tem como objetivo conhecer o mundo das emoções a fim de proporcionar o bem-estar e consequentemente à melhoria de qualidade de vidas das pessoas.

Educar as crianças e jovens com atenção às competências socioemocionais estabelece uma medida preventiva para os indicadores do mal-estar da modernidade. É imprescindível a inserção de uma educação emocional no currículo.

A escola não deve se limitar a simplesmente transmitir conhecimentos sistemáticos e desenvolver somente o aspecto cognitivo, é necessário refletir o panorama educacional brasileiro que clama por mudanças significativas. É fundamental que a escola tenha como metodologia básica uma educação emocional; esse espaço funcionará como multiplicador de pessoas que pensam, com reflexão crítica, que aceitam as diferenças, que saibam tomar decisões em prol do bom convívio social, que saibam refletir antes de agir, que tenham qualidade de vida, enfim, de pessoas que compreendam, expressem e avaliem suas emoções, identificando-as e controlando-as a fim de solucionarem problemas e conflitos surgidos nas mais variadas situações cotidianas de sua vida, seja no ambiente familiar, escolar, na comunidade ou no trabalho, e que principalmente valorizem a vida.

Conheço muitos sistemas educacionais que oferecem uma vasta preparação ao aluno para que ele passe no vestibular, tenha conhecimentos técnicos e gerais sobre as diversas matérias ao longo dos anos, mas poucos que também se preocupam com o desenvolvimento humano dos educandos.

A consequência disso é a formação de muitos jovens inseguros, com pouco poder de empatia, perdidos em seus projetos pessoais, com baixa autoestima, muitas vezes individualistas e egoístas, infelizes e incapazes de construírem um projeto de vida.

Educação

O desenvolvimento das competências socioemocionais na escola durante essa fase é considerado estratégico por especialistas. Essas habilidades auxiliam em processos como a formação de identidade que atinge seu ápice entre os 14 e 18 anos, na tomada de decisões e na transição para a vida adulta. Além disso, têm sido cada vez mais cobradas no acesso ao ensino superior.

Nos dois últimos anos, entrevistas e até dinâmicas de grupo foram incluídas na seleção dos vestibulares de Direito e Administração na Fundação Getulio Vargas (FGV), de Medicina na faculdade do Hospital Albert Einstein, e de todos os cursos de graduação do Insper, entre outros, com o objetivo de avaliar competências socioemocionais.

A psicopedagoga Anita Abed, que desenvolveu um estudo para a Organização das Nações Unidas para a Educação, a Ciência e a Cultura (UNESCO, na sigla em inglês) em 2014 com o intuito de guiar políticas públicas sobre o tema defende que para ela, o currículo do ensino médio deveria separar disciplinas específicas para o desenvolvimento socioemocional. "O ideal seria a escola inserir, na grade curricular, uma disciplina em que o conteúdo seria 'habilidades cognitivas, sociais, emocionais e éticas".

Acredito que fazendo uma gestão escolar mais participativa, que consiga ir além do ensino técnico e geral de algumas matérias, ensinando e valorizando as competências socioemocionais, vamos desenvolver indivíduos mais completos, íntegros e, de fato, prontos para fazerem a diferença no mundo. É essa qualidade na educação que irá refletir na sociedade que desejamos para os nossos filhos, netos e todas as outras futuras gerações.

Um grande e forte abraço!

Inovações e ressignificações

17

Aplicação de Quiz como estratégia de aprendizagem em aulas de biologia no ensino médio

O *Quiz* é uma atividade lúdica no formato de jogo de perguntas e respostas que segue uma metodologia própria de modo a ser interativa, dinâmica e atraente. A atividade foi aplicada para 4 turmas de biologia do ensino médio e os resultados foram satisfatórios e motivadores. Espera-se que com essa experiência, docentes sejam estimulados a praticarem esta atividade e outros trabalhos lúdicos em sala de aula

Manuel Sousa Junior

Educação

Manuel Sousa Junior

Mestre em Bioenergia pela FTC Salvador (2011). Possui graduação em Ciências Biológicas pela Universidade Católica do Salvador (UCSal) (2002), Especialização em Análises Clínicas pela UCSal (2004). Atualmente, é servidor público efetivo como professor do Instituto Federal de Educação, Ciência e Tecnologia da Bahia (IFBA) em Santo Amaro/BA atuando no ensino, pesquisa, ensino e gestão. Com experiência na docência do ensino superior em diversas instituições em Salvador e cidades próximas em disciplinas dos cursos de enfermagem, biomedicina, fisioterapia e segurança do trabalho. Além de já ter atuado em cursos técnicos e de extensão para universitários. Tem experiência em todos os setores da área de Análises Clínicas/Patologia Clínica.

Contatos
manueljunior@ifba.edu.br
lattes.cnpq.br/8355754226321120

Inovações e ressignificações

A escola deve ser o espaço onde professores e alunos se encontram sendo norteados por currículos, materiais de ensino e processos formativos que permitem compreender, entre outros parâmetros, como as experimentações de biologia podem se articular com diversos elementos cognitivos, sociais e históricos (MARANDINO et al., 2009).

O espaço de sala de aula é um lugar de trocas e interações sociais, assim como outros ambientes humanos, veicula, constrói e reconstrói sentimentos, conhecimentos e significados que promovem aprendizagens de conteúdos conceituais e também aprendizagens de diversas formas de convivência, comunicação e fatores sociais relacionados. Assim, é um lugar de novas construções inter e intrassubjetivas, em que os atores sociais que dele participam (professores, alunos e outras pessoas que nele se insiram, como por exemplo, agentes de pesquisa) compartilham modos de compreender o mundo e atitudes frente a este (COLAÇO et al., 2007).

O ensino de biologia está centrado na existência de um campo de estudos, pesquisas e práticas composto por educadores e professores que possuem como referência as atividades de cunho didático que conferem sentidos diversos a este campo (MARANDINO et al., 2009).

Para Perrenoud (2000) além de conhecer os conteúdos a serem ensinados é preciso relacionar tais conteúdos com os objetivos e com as situações de aprendizagem, sendo difícil livrar-se facilmente das concepções pedagógicas prévias dos discentes, porém é possível encontrar ferramentas para incorporar novos elementos às representações existentes, reorganizando-as, se necessário.

O objetivo da educação em ciências é proporcionar aos alunos, experiências em que tenham a oportunidade de compreender e aplicar conhecimento científico para que possam conhecer melhor os problemas e dilemas do mundo que os rodeia, fazendo com que desenvolvam competências de conhecimento, processos e estratégias de resolução de problemas cotidianos que envolvem tais temáticas (CORREIA; FREIRE, 2010).

Educação

Os conteúdos formais estão descritos em livros didáticos, onde existe uma transposição didática, na medida em que o conhecimento é organizado em capítulos/lições sucessivas, conforme um planejamento e numa sequência que faz referência, certas vezes, aos saberes adquiridos anteriormente pelos alunos (embora de forma restrita, devido à padronização dos livros didáticos), além de momentos de revisão e de avaliação (PERRENOUD, 2000).

A melhoria no desempenho dos alunos pode ser alcançada com atividades de natureza investigativa dos conteúdos e os seus métodos de ensino, como aulas experimentais e atividades lúdicas como um Quiz (CORREIA; FREIRE, 2010).

Silva e colaboradores (2010) relatam que o dicionário de língua inglesa Oxford apresenta para a palavra "Quiz" como sendo "Entretenimento baseado em perguntas e respostas" que pode ser complementado pelo dicionário Cambridge, que diz que além de um jogo de perguntas e respostas, pode ser utilizado como um tipo de teste informal.

Desse modo, o Quiz surgiu como um modelo diferenciado e dinâmico para se tratar o tema "Organelas Citoplasmáticas", temido por muitos alunos do ensino médio, através da elaboração de um questionário com respostas claras, diretas e objetivas, abordado de maneira informal, lúdica e associado com uma mediação firme. Este tipo de aprendizado torna-se atraente pela utilização de um jogo, onde pontos são disputados e o conteúdo vai sendo discutido.

Com esse trabalho objetivou-se responder se um método de ensino lúdico, como o Quiz, consegue ser atrativo para os alunos do ensino médio no processo de ensino e aprendizagem na temática Organelas Citoplasmáticas.

Metodologia

O Quiz foi aplicado em 4 turmas da disciplina biologia do ensino médio no Instituto Federal de Educação, Ciência e Tecnologia da Bahia – IFBA, campus Santo Amaro.

A atividade consiste de 2 momentos: Apresentação do Conteúdo e Aplicação do Quiz.

Inovações e ressignificações

1 Apresentação do Conteúdo

Na aula anterior deve ser solicitado que todos os alunos tragam os livros didáticos da disciplina para sala de aula para execução desta parte da atividade.

Este momento ocorre em 2 horas/aula (100 minutos).

Nesta etapa ocorre a explicação da atividade para os alunos, onde a sala é dividida em no máximo 10 grupos e cada grupo ficará com um subtema, os quais devem ser estudados por 30 minutos para posterior explanação com a sala disposta em semicírculo.

Os 10 subtemas abordados podem ser, como exemplo:
1. Introdução à célula eucariótica e procariótica;
2. Retículo Endoplasmático Granuloso, Não-Granuloso e Ribossomos;
3. Complexo de Golgi;
4. Lisossomos;
5. Peroxissomos e Vacúolos da célula vegetal;
6. Citoesqueleto;
7. Movimento celular (ciclose e movimento amebóide);
8. Centríolos, Cílios e Flagelos;
9. Mitocôndrias;
10. Plastos.

Com a sala já em semicírculo inicia-se a explanação pela ordem dos conteúdos que seguem a sequência numérica crescente. Durante e depois de cada explanação, o professor deve intervir de modo a enriquecer a discussão com os principais pontos abordados pela equipe.

Como sugestão, deve estar desenhado no quadro branco as células eucariótica e procariótica, com as respectivas organelas estudadas nessa temática enquanto os alunos estudam seus temas. Os desenhos auxiliam na explanação dos alunos e nas intervenções do professor.

A aula termina com a conclusão do professor ressaltando a importância do conteúdo e explicando a próxima etapa que ocorrerá na semana seguinte. É importante que os alunos tenham uma semana de intervalo entre uma etapa e outra para poderem estudar os conteúdos de todo o capítulo do livro correspondente, e não somente o subtema designado para sua equipe na 1ª etapa.

2 Aplicação do Quiz

O professor já deve chegar nessa etapa com as perguntas em mãos, numeradas em ordem crescente e deve escrever no quadro os números das perguntas.

Esta etapa ocorre em 2 horas/aula (100 minutos) e se inicia com a leitura das regras:

- A sala se reunirá em equipes de 3 a 5 componentes (quanto menos alunos por equipe o trabalho rende mais, pois os alunos ficam mais comprometidos). A figura 1 mostra o arranjo da sala, exemplificando 8 equipes, mas que pode se estender para até 10 equipes. Acima desse número pode tornar o trabalho cansativo, pois terão que esperar muito para responderem a próxima pergunta;

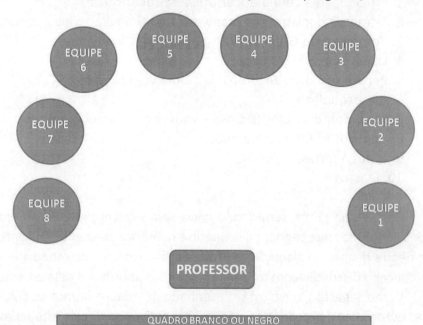

Figura 1 - Arranjo da sala de aula na aplicação do Quiz.

- Haverá 6 blocos de perguntas para cada equipe, cada uma no valor de 0,5 ponto para as respostas corretas (O valor de 3,0 pontos, equivalentes a 6 perguntas valendo 0,5 ponto cada é sugestivo e pode ser adequado à realidade do professor/disciplina);

- Cada equipe terá 30 segundos para responder e devem dizer a resposta dentro desse prazo ou imediatamente após finalizado o tempo. Os últimos 5 segundos serão ditados pelo professor seguindo a sequência decrescente: 5, 4, 3, 2 e 1;

- O professor atuará como mediador e intercederá com soberania sobre dúvidas que por ventura surjam no decorrer da atividade;

- A primeira resposta dada por qualquer membro da equipe será considerada como válida, invalidando complementos ditados posteriormente;

- Quando uma pergunta for feita, por exemplo, para a equipe 1, todas as demais equipes devem procurar a resposta, pois caso a pergunta passe adiante. As perguntas devem passar para outras equipes no sentido horário;

- Caso a equipe erre ou não responda dentro do tempo determinado a pergunta passará para a próxima equipe, podendo ser passada adiante até retornar para a equipe original. Se mesmo assim a pergunta não for respondida corretamente nenhuma equipe ganhará a pontuação correspondente;

- A equipe que conseguir os 3,0 pontos (6 perguntas corretas) antes da 6º rodada continuará na sala, porém não responderá mais até que seja finalizada a atividade (Isso ocorre quando a equipe responde as suas perguntas e as perguntas de outras equipes que chegam até esta por erros ou omissões dos demais grupos).

Deve ser explicado ainda que todas as equipes terão as mesmas chances, visto que todas terão direito às suas questões, no caso específico, 6 perguntas.

Inicia-se a atividade com a equipe 1 escolhendo um número de 1 a 60, que no caso foram as questões elaboradas previamente. O número de questões deve ser calculado pelo número de equipes, como exemplo, 8 grupos vezes o número de perguntas, no caso 6, que daria 48 questões, no entanto como sugestão podem ser elaboradas mais perguntas que podem ser utilizadas no fim da atividade como será abordado mais adiante.

Com o número escolhido pela equipe 1, por exemplo, número 26, o professor apaga do quadro o número correspondente para que todos possam saber as perguntas que já foram escolhidas e as que ainda estão disponíveis.

Durante todo o jogo o professor deve estar com um barema na mão, onde vai computando o andamento do Quiz. Na figura 2 está exemplificado o barema, onde no tópico "RODADA" deve ser assinalado com um "x" a rodada de perguntas em questão, e onde se vai anotando as pontuações das equipes.

Na parte posterior da figura 2 nota-se que vem espaços destinados para a relação de componentes por equipe para facilitar a computação da pontuação adquirida por cada aluno.

Após a 6ª rodada de perguntas o professor encerra a atividade lendo a pontuação que cada equipe obteve.

Como sugestão, após a 6ª rodada, caso haja tempo, pode continuar a atividade com as questões que não foram ainda sorteadas com pontos extras, ou apenas para compartilhar conhecimento.

Quis de Organelas Citoplasmáticas

EQUIPES	Perg 1	Perg 2	Perg 3	Perg 4	Perg 5	Perg 6	Perg 7	Perg 8
RODADA								
1								
2								
3								
4								
5								
6								
7								
8								
9								

Figura 2 - Exemplo de barema de acompanhamento do Quiz

Resultados e Discussão

O trabalho foi aplicado em 4 turmas da disciplina biologia do ensino médio integrado ao curso técnico do IFBA Campus Santo Amaro nos cursos de Informática e Eletromecânica, sendo 2 turmas de cada curso.

As perguntas foram elaboradas de modo que a resposta seja clara, objetiva e direta, por exemplo, "Qual a organela responsável pela síntese de ácidos graxos e esteróides?" onde a resposta é "Retículo Endoplasmático Liso", pois se as perguntas fossem com respostas grandes como "Qual a função do Retículo Endoplasmático Liso?" as respostas longas tirariam a dinâmica do jogo.

O Quiz discorreu tranquilamente em todas as turmas e o professor optou por fazer o trabalho no laboratório por causa do ruído, que geralmente é maior do que em aulas expositivas. O laboratório de biologia é mais afastado das demais salas de aula e por esse motivo foi o escolhido.

Considerações Finais

A partir das análises empreendidas neste trabalho, algumas reflexões acerca da didática em sala de aula em fugir um pouco do convencional devem ser ponderadas. A riqueza percebida nessas interações deixou clara a força construtiva que esse tipo de processo mediacional possui no processo de ensino e aprendizagem.

O trabalho de um modo geral foi muito elogiado pelos alunos e em conversa posterior para *feedback*, mostrou ser um instrumento motivador positivo, onde diversos alunos atribuíram o adjetivo "Perfeito" ao trabalho. Uma aluna diz que "O trabalho foi uma brincadeira junto com aprendizagem", reforçado pelo argumento de outra aluna que disse "Com o Quiz em forma de brincadeira muita coisa foi aprendida". Esses relatos coadunam com a aluna que disse "Uma forma dinâmica de aprendizado é sempre mais interessante por fugir um pouco da rotina de sala de aula".

Outro relato que merece destaque foi "Biologia é uma disciplina complicada para alunos do 1º ano, por não estarem familiarizados, e com o Quiz tornou-se mais interessante e diminuiu as dificuldades da disciplina."

Com base em todos esses argumentos e na vivência, chegou-se à conclusão de que atividades lúdicas desta natureza possuem um bom rendimento e um bom aproveitamento no ensino e aprendizagem.

Referências
COLAÇO, Veriana de Fátima Rodrigues; PEREIRA, Eleonora; PEREIRA NETO, Francisco Edmar; CHAVES, Hamilton Viana; SÁ, Ticiana Santiago de. *Estratégias de mediação em situação de interação entre crianças em sala de aula*. Estudos de Psicologia, v. 12, n. 1, p. 47-56, 2007.
CORREIA, Marisa Sofia Monteiro; FREIRE, Ana Maria Martins Silva. *Práticas de avaliação de professores de ciências físico-químicas do ensino básico*. Ciência & Educação, v. 16, n. 1, p. 1 – 15, 2010.
MARANDINO, Martha; SELLES, Sandra Escovedo; FERREIRA, Márcia Serra. *Ensino de Biologia – histórias e práticas em diferentes espaços educativos*. São Paulo: Cortez, 2009.
PERRENOUD, Philippe. *Dez novas competências para ensinar*; tradução Patrícia Chittoni Ramos. Porto Alegre: Artes Médicas Sul, 2000.
SILVA, João Miguel de Almeida; CANEDO, Rafael Vieira; ABRANTES, Thomas Alves de Souza; SANTOS, Rafael Teixeira dos; SOUZA, Renata Almeida; UTAGAWA, Claudia Yamada. *Quiz: Um questionário eletrônico para autoavaliação e aprendizagem em genética e biologia molecular*. Revista Brasileira de Educação Médica, v. 34, n. 4, p. 607 – 614, 2010.

Inovações e ressignificações

18

De quem é a culpa?

Nosso cenário atual é desanimador, como um solo infértil, que não dá bons frutos. Mas, juntos, eu e você podemos ser, nesta terra, uma pequena semente de mostarda que germina em qualquer terreno. Ao vê-la, parece insignificante, mas, quando acolhida, tratada, regada com amor e com paixão começa a germinar e vai ganhando corpo, florescendo como uma boa colheita no presente e no futuro. Assim faremos, venha comigo!

Marlene Caleffo

Educação

Marlene Caleffo

Palestrante, Personal e *Professional Coach*. Graduada em Pedagogia, Canto-Orfeônico (Música), Desenho e Plástica. Experiência de 37 anos, lecionando em renomadas Instituições de Ensino, nas cidades de Salto, Itu, Indaiatuba e Campinas. Vinte anos de carreira sólida na -Reitoria-UNICAMP-Campinas, atuando em eventos nacionais e internacionais de grande porte. Membro da equipe do Instituto de Pesquisas Especiais para a Sociedade. (IPÊS), pelo programa da OPAS-OMS (Organização Mundial da Saúde e Panamericana) com meu projeto " A música a Arte como Intervenção Social Pedagógica e Terapêutica" e que fez parte do livro" Campinas -No Rumo das Comunidades Saudáveis. Especialista em desenvolvimento, atendimento e capacitação humana, assim como Musicaterapia, *Coaching* Comportamental, Life Coaching, Public Master-Coaching de Comunicação, Ombudsman/Ouvidoria nas empresas. Criou e desenvolveu o programa Amor-Arte. Fundadora e coordenadora do Grupo "Mulheres de "SALTO" Poderosas que Brilham. Minha missão é inspirar e transformar vidas.

Contato:
marlenecaleffo@yahoo.com.br
(11) 4028-1940
(11) 99626-2482

Inovações e ressignificações

Missão cumprida, emoção, surpresa, alegria e susto. Isso mesmo, susto! Sabe por quê? Ainda criança, ouvia dos meus pais, familiares e amigos que, para nos sentirmos realizados, deveríamos ter filhos, plantar uma árvore e escrever um livro. Minha surpresa foi enorme quando fui convidada para ser coautora deste projeto, pois ele vem ao encontro dos meus objetivos, dos meus sonhos, da minha filosofia de vida, que consiste em inovar e ressignificar.

Foi o que sempre fiz, como pessoa, educadora e pesquisadora. Surgiram dúvidas, pensamentos, choros e questionamentos. Nasci questionadora e com desejo por respostas, mas como nem sempre as tenho, sigo o meu coração. Desde cedo sentia uma força muito grande invadir todo o meu ser, me arremessando de corpo e alma a pesquisar, aceitando mais um grande desafio, o da superação, afinal, essa é a minha missão.

Peço licença para entrar em sua casa, em sua vida e compartilhar com você muitas experiências vividas nos meus 50 anos de vida pública como educadora, empresária e pesquisadora. Juntos descobriremos que mudanças devem e podem acontecer, basta querer e ter atitude.

O ano era de 1965 e estávamos no mês de fevereiro. Aquele era o meu primeiro dia de aula, aos 23 anos no Ginásio e Escola Estadual Professor Paula Santos, situada no interior de São Paulo em Salto, minha cidade natal que tanto amo e me orgulho. Era a minha primeira experiência como professora e logo fui destinada a dar aula para a considerada pior classe da escola. Era uma segunda série ginasial, com 40 alunos com idade mínima de 14 anos, mas eu já sabia que teria que enfrentar um aluno líder da classe, difícil, rebelde, ou melhor, um " maluco beleza" (termo usado nessa década),que tinha agredido a professora de inglês, por não concordar com ela na aula.

Meu coração palpitava num descompasso frenético. Confesso que estava apavorada, aquela era minha primeira aula e o início de uma sonhada carreira. Recém-formada, estava insegura, principalmente após ter ouvido o que havia ocorrido com meu colega em

Educação

uma de suas aulas. Em um ato de nervosismo e confusão mental, ele confundiu um giz com um cigarro, o que me fez temer por um instante. Meus colegas me martirizavam tirando sarro e zombando de mim. Todos queriam saber qual seria minha postura, minha atitude perante a classe e perante o Leonardo.

Sinal dado, hora de enfrentar a trupe, a classe e a fera. Enquanto caminhava pelo corredor até a sala, eu rezei, tremi, suei e rapidamente pensei: "Essa foi a profissão que escolhi aos seis anos de idade, ser professora de música, não só de acordeão e violão, mas de gente, gente de todas as idades e classes sociais, com os mesmos direitos, deveres e verdade. Eu quero utilizar a música, o canto, a arte e a história como uma ponte que migra a uma vida mais saudável. Além de desenvolver, memórias, auditivas, visuais, rítmicas e afetivas. Sempre acreditei que a música nos acalenta, nos acalma, nos religa ao divino".

Respirei fundo novamente e finalmente entrei na classe, com passos firmes e confiante. Todos ficaram em pé, formando fileiras ao lado de suas carteiras em posição de respeito. Logo avistei o Leonardo! Único, lindo e um deus grego que permaneceu sentado de pernas abertas, entre sua carteira, esparramada no corredor.

Ele se sentava na segunda fileira, na segunda carteira em frente à minha mesa. Sempre alheio a tudo e a todos. Parei e com o coração batendo muito forte, o olhei. Em seguida, sinalizei que sentassem, porém minha vontade era fugir dali. Um terrível silêncio fantasmagórico se fez, mas me apresentei mesmo assim como professora de canto orfeônico.

Expliquei a importância da aula, os benefícios e relações que teríamos com outras disciplinas e como iríamos trabalhar durante o ano. Após a breve conversa, sentei-me e abri a caderneta de chamada, pedindo que os alunos se levantassem à medida que fossem chamados, para que pudesse conhecê-los. Assim foi feito, até chegar ao nosso protagonista.

Silêncio total e absoluto. Incrível! Eu não estava acreditando no que estava acontecendo. Por que todos estavam quietos? Ali mesmo lembrei-me quando minha nona Ângela dizia: "quando o milagre é demais o santo desconfia!". E eu temerosa, observava os olhares, as carinhas e os sorrisinhos um tanto quanto debochados daqueles alunos, esperando apenas um sinalzinho do famoso Leonardo.

Repeti várias vezes seu número e nada. Eis que, de repente, começaram a rir muito alto, aos gritos, batendo os pés no chão e

Inovações e ressignificações

as mãos nas carteiras, uma loucura total. E eu ali crucificada, apavorada em choque com um frio que percorreu a minha espinha, e com um caroço entalado em minha garganta.

O que eu poderia fazer? Foi quando calmamente cheguei até sua carteira, aproximei-me dele e balbuciei ao seu ouvido quase que sussurrando, pois, a minha voz estava embargada, e perguntei sobre o motivo de estarem rindo para ele ou possivelmente para mim.

Quis saber se ele achava que havia algo de errado com a minha aparência. Ele olhou firme para a classe e milagrosamente os gritos foram diminuindo sucessivamente e o silêncio se fez. Então eu continuei com voz forte e penetrante e contei sobre o fato de ter me arrumado com carinho e respeito por saber que daria aula para a classe. Complementei dizendo que eles eram jovens encantadores e inteligentes.

Finalizei meu discurso frisando a minha percepção a respeito de Leonardo. Falei que ele tinha um olhar lindo e um belo sorriso e que demonstrava ser um homem muito inteligente. Logo o questionei sobre suas pernas que em um pulo ficaram em pé.

Continuei a perguntar normalmente sobre seu nome, seus pais e sua família. A classe parecia hipnotizada, incrédula, então rapidamente simulei um sorteio, onde escolheria um aluno que seria meu secretário, que me auxiliaria no que fosse necessário.

Adivinhem quem foi sorteado? Isso mesmo, o Leonardo que todo sem jeito me perguntou o motivo daquilo. E eu simplesmente respondi que era culpa do destino. Rimos muito, mas com discrição; um sorriso comedido, sincero e próprio de adolescentes. Foi realmente gratificante e nunca mais tive problemas com a classe, pois meu secretário não permitia algazarras e todos, incluindo ele, tinham o material usado em minhas aulas.

Até hoje, ano de 2017, nossa amizade continua e anualmente nos reunimos em um delicioso almoço de confraternização, em que eu, professora de música de canto orfeônico participa como convidada especial. Isso me encanta, me dá paz e uma sensação de dever cumprido.

Nesses encontros, cantamos as músicas ensinadas, choramos, rimos, dançamos e relembramos as traquinagens e o dia fatídico, das lutas, das superações, das perdas, das nossas histórias e experiências vividas até os dias atuais. Em que o amor pela minha profissão, pela missão, e pela nossa vocação, se faz sempre presente.

É indescritível acompanhar a revolução e a evolução desses 40 alunos que, mesmo alguns não estando fisicamente presentes,

Educação

moram em meu coração. Muitos se casaram com suas colegas de classe ou da escola e são bem-sucedidos. Querem saber como está o Leonardo? Ótimo! Hoje ele é um empresário, casado e tem filhos. Tornou-se um grande homem.

Se lançarmos a semente, seu crescimento dependerá de quantos mais cruzarem seus caminhos, adubando, regando, cultivando com amor, coragem, superando as dificuldades as limitações e o estresse imposto pela nossa profissão de educador.

O que é ser um educador? É compartilhar o mesmo espaço de forma prazerosa, intensa e espontânea com acertos, erros, descobertas, estimulando, conduzindo as crianças, os jovens a se reinventar a pensar, a compreender a vida, a existência, o saber. Sabemos que "conhecer" é diferente de" revelar", é nossa função e nosso dever propiciar aos jovens condições de aprendizado. Simplificando da melhor forma o ensino para que sintam e se apaixonem pela escola aumentando o interesse, com satisfação, motivação ao se envolverem com a família, a sociedade e eles mesmos.

Convenhamos que a tarefa é muito difícil, principalmente no mundo de hoje, onde a família, o ensino, a sociedade e os governos individualistas, competitivos, e desiguais estão falidos. Não existe mais respeito, nem deveres e direitos, vivemos em uma era de jovens agitados, inconformados e incrédulos, onde a internet e celulares ocuparam toda a atenção. Os diálogos, conversas e limites não fazem parte do nosso dia a dia. Em meio a tanta exclusão e desigualdade, qual é a função real dos nossos governantes? Sabemos que a estrutura governamental, infelizmente, fecha os olhos ou não quer abri-los a nossa sociedade e a nossa educação. Como podemos difundir, compartilhar, partilhar com a família e a comunidade todo nosso saber? Que se cumpra a máxima: "Vamos acender a candeia sobre o alqueire para que todos possam ver". (Evangelho Lucas, Jesus).

Precisamos urgente de mudanças, começando por nós, pais, professores, diretores e governos. Vamos reavaliar, inovar toda a estrutura da educação, da família e da sociedade. É difícil, no mundo de hoje, mas não impossível, basta querer. Contei para vocês uma experiência dentre muitas outras difíceis e quase impossíveis, acontecidas com jovens adolescentes reprimidos, insatisfeitos do século XX. Posso afirmar com plena convicção, conhecimento e experiência que não são diferentes dos jovens do século XXI, pois são jovens iguais não importa o século.

Inovações e ressignificações

Com determinação, fé e amor, consegui, sim, vencer essa batalha, porque o impossível para mim não existe. Por isso, com muito orgulho digo: eu Marlene Maria Caleffo Salvadori faço parte dessa história. E você?

Presto a minha homenagem a milhares de professores que, como eu, sempre acreditaram no ensino e dedicaram suas vidas ao magistério. Que deixaram de dormir algumas noites pelos seus alunos, que fizeram da escola um segundo lar... Muito obrigado por vocês existirem. Mas, o que é a escola?

A escola é...
O lugar onde se faz amigos,
Não se trata só de prédios, salas, quadros
Programas, horários, conceitos,
Escola é, sobretudo, gente,
Gente que trabalha, que estuda,
Que se alegra, se conhece, se estima.
O diretor é gente,
O coordenador é gente, o professor é gente,
O aluno é gente,
Cada funcionário é gente.
E a escola será cada vez melhor
Na medida em que cada um
Se comporte como colega, amigo, irmão.
Nada de "ilha cercada de gente por todos os lados".
Nada de conviver com pessoas e depois descobrir
Que não tem amizade a ninguém,
Nada de ser como tijolo que forma a parede,
Indiferente, frio, só,
Importante na escola não é só estudar, não é só trabalhar,
É também criar laços de amizade,
É criar ambiente de camaradagem,
É conviver, é se "amarrar nela"!
Ora, é lógico...
Numa escola assim vai ser fácil
Estudar, trabalhar, crescer,
Fazer amigos, educar-se,
Ser feliz.

(Paulo Freire)

Inovações e ressignificações

19

Pedagogia sistêmica
Escola e vínculos familiares

Educar com amor significa acolher o todo que existe em mim e no outro tal como se apresenta, reconhecendo a importância dos que vieram antes, honrando seus destinos e pedindo a permissão para ser. Através do vínculo encontramos o sentido do saber que atua na alma

Marly Cordeiro

Educação

Marly Cordeiro

Educadora, Terapeuta Sistêmica e *Trainer Coach*. Referência no Campo das Constelações Familiares, com trabalhos em atividades terapêuticas, musicais, educativas e organizacionais, focados em soluções sistêmicas. Seu método se distingue por unir o conhecimento da Abordagem Sistêmica junto à força da sua intuição. Especializada em Terapia Familiar Sistêmica e Musicoterapia – Treinamento Internacional em Constelações Sistêmicas e TSFI, Treinamento Intensivo Hellinger Sciência – Constelações Familiares e Organizacionais, Constelações Estruturais, Constelações Integrativas, Panorama Social, Pedagogia Sistêmica, Psicoterapia Assistida por Equinos - Eagala, Trauma Psicológico, PNL. International Association of Coaches Institutes – *Coaching* de Equipes, *Coaching* Energético Quântico, *Coaching* Sistêmico, *Coaching* com Cavalos, Comunicação Não Violenta, Ativismo Quântico. Membro da Hellinger Sciência. Atendimentos, palestras, vivências, *workshops* e cursos no Brasil e exterior. Diretora MAC Desenvolvimento Humano – Santos/SP.

Contatos
www.marlycordeiro.com.br
contato@marlycordeiro.com.br

Inovações e ressignificações

Como a escola pode ajudar nossos filhos?
Depois da família a escola é a segunda fonte de amor. Entregamos nossos filhos na escola com os mais variados sentimentos. A família é um sistema que se forma naturalmente, a escola é um sistema social que elabora formas e prepara o aluno para o mundo das relações externas e do conhecimento científico.

A pedagogia sistêmica nos centra no contexto histórico e geográfico, para o professor é fundamental reconhecer a sua ancestralidade e de onde veem seus alunos, e isso tem a ver com a perspectiva geral da família e suas origens. Uma forma simples de reflexão e que nos impulsiona a buscar soluções para temas complexos como; baixo rendimento escolar, déficit de atenção, agressividade, indisciplina na sala de aula, falta de comunicação entre professor e aluno, falta de integração familiar na escola, outros.

A pedagogia sistêmica tem como base o método filosófico das Constelações Familiares. Devemos o seu desenvolvimento a Bert Hellinger, filósofo, teólogo, pedagogo e psicoterapeuta alemão.

Não se trata de uma teoria única, definindo verdades, mas de uma prática educativa que está vinculada ao campo da abordagem sistêmica fenomenológica.

A educação é sistêmica por que tem a ver com o que regem os sistemas das relações humanas, portanto também é na família, que consideramos os grupos como sistemas relacionais na qual todos seus membros estão estreitamente conectados com os demais, seguindo um destino específico.

O método das Constelações Familiares é fenomenológico porque consiste essencialmente em acessar informações inconscientes que movem os membros de uma família em evidência, trazendo equilíbrio ao sistema.

Através da Pedagogia Sistêmica, fica claro o movimento sistêmico entre o domínio das relações professor x aluno, tendo como meta "aprender a aprender", remetendo-nos ao entendimento dos padrões inconscientes que os alunos carregam como marcas dos destinos e histórias descontinuadas dos seus antepassados.

É um trabalho que surgiu da necessidade de criar e fortalecer as relações vinculares entre professores, pais e alunos, em sua firme proposta de harmonização e inclusão social.

CONSTELAÇÕES FAMILIARES

O trabalho das Constelações Familiares nos ensina a compreender e buscar soluções no amor que move os destinos especiais seja individualmente ou coletivamente. Isso significa que qualquer pessoa retoma ou revive inconscientemente o destino de um familiar que já viveu antes. O entendimento sistêmico dessa narrativa encontra-se através do amor consciente que desfaz a mistura no nível inconsciente, gerando mudanças comportamentais e cognitivas, que permitem uma nova leitura das circunstâncias da vida, e daquele ou daqueles aos quais representavam uma situação-problema para a família.

EDUCAÇÃO SISTÊMICA

A Educação Sistêmica aborda vários panoramas sociais, através de oficinas e práticas pedagógicas, resulta necessariamente em observar como traduzimos e integramos os valores humanos na relação professor x aluno.

A prática da pedagogia sistêmica oferece o entendimento de três princípios básicos, que norteiam nossos relacionamentos para que nos sirvam de orientação no âmbito escolar, tais como;

Pertencimento – todos têm o direito de pertencer. Reconhecer a importância do lugar que cada um de nós ocupa no sistema familiar e educacional, tanto para os alunos como para os professores.

Ordem – todo o sistema exige ordenamento, hierarquia. É importante que alunos e professores percebam a importância dos que vieram antes e depois deles.

Equilíbrio entre dar e receber – todas as relações exigem uma energia de troca. Na família, os pais dão e os filhos recebem; na escola os professores oferecem e os alunos tomam.

Para a educação sistêmica ser implantada, é preciso considerá-la a partir de uma visão abrangente, em que pais, alunos, professores e equipes tornem-se agentes de mudanças, buscando tornar o humano, cada vez mais humano.

Inovações e ressignificações

MOVIMENTO SISTÊMICO

Atuar de forma sistêmica na escola é atuar por meio do contexto familiar. O mais importante é a capacidade de mover-se dentro de um grupo reconhecendo a importância de que "cada um faz o melhor que pode no lugar que ocupa".

Uma atitude simples poderá refletir junto com os pais, como aquele que colabora durante um tempo limitado no crescimento harmônico de seus filhos, como também no plano de trabalho em equipe, sem interferir nas funções do outro e sem se preocupar com o que vai ganhar pelo que faz e pelo que deixa de fazer.

Partindo do princípio que a escola é educativa e não terapêutica, não podemos oferecer dinâmicas relacionadas diretamente através das Constelações Familiares, mas podemos aproveitar algumas atividades para associarmos ao que acontece na vivência familiar de nossos alunos, e uma vez que, isto esteja associado à família, nos resta trabalhar as dificuldades escolares de acordo com a realidade da escola.

Na pedagogia sistêmica, o que fazemos é ampliar a visão, distinguindo as situações problemas, desenvolvendo a capacidade de reconhecer a importância do aluno como sujeito em cada contexto, e o que com ele emerge, de maneira que através dessa sensibilidade possamos passar pela confrontação de "boas e más" consciências, num espaço de interações respeitosas em que podemos ver em todas as direções, recursos e soluções, evitando cair no padrão repetitivo da exclusão.

Bert Hellinger, criador do método das Constelações Familiares ao falar de como estabelecer uma boa vinculação entre "professores e pais", nos mostra o pensamento sistêmico de afirmações e reconhecimentos, expressados em três frases;

— Obrigado por confiar em nós, e deixar em nossas mãos seus filhos.

— Por favor, nos liberem para que possamos atuar com sensibilidade e eficácia no processo educativo de seus filhos.

— Sim, respeitamos vosso destino e não pretendemos interferir, mas transmitir o que seja bom para seus filhos e sua família.

Os professores constroem a ponte entre a escola e família. O ideal é que eles deem um lugar no seu coração para os pais de seus alunos e para que isso aconteça antes cada um precisa estar bem com os seus próprios pais. Toda relação sistêmica entre escola e família tem um profundo respeito e amor à vida.

Inovações e ressignificações

20

Encontre saber

Que honra ter você aqui lendo o meu texto! Encontrar o saber para mim foi achar um sentido em minha vida, fazendo o que amo: aprender! Nessa fase nova de vida, meu projeto é construir um mundo com mais acessibilidade a educação para todos. Para isso, irei compartilhar aqui alguns aprendizados que eu tive nessa jornada. Se você terminar essa leitura já aprendendo algo novo, ficarei muito feliz!

Monique Behar Wasserman

Educação

Monique Behar Wasserman

Eterna curiosa e apaixonada por desenvolvimento humano, inovação e aprendizado. Formada em Administração de Empresas pela PUC-Rio e cursando MBA em Gestão, Empreendedorismo e *Marketing* pela PUC-RS (EAD). Após sete anos trabalhando em uma multinacional e desenvolvendo a minha multipotencialidade ao passar pelas áreas de Compras, *Trade Marketing* e Gestão de Pessoas, decidi seguir meu sonho de compartilhar conhecimento e por isso criei o Encontre Saber. Com ele, consegui conciliar dois assuntos que amo: desenvolvimento humano e curadoria de conhecimento. Aprender e conhecer gente inspiradora é o que mais me motiva. Eu me sinto realizada por me permitir estar em constante desenvolvimento.

Contatos
niquebw@hotmail.com
Instagram: encontresaber
linkedin.com/in/moniquewasserman/
(21) 99952-4664

Inovações e ressignificações

Após sete anos no mercado, trabalhando para uma grande empresa, decidi mudar para desbravar a vida empreendedora.

Acredito que você irá se identificar com alguma fase da minha história, porque mesmo ainda jovem, já passei por diversos momentos desafiadores.

Durante todo período que me dediquei ao mundo corporativo em uma grande multinacional, eu vestia a camisa totalmente, até que em um certo momento algumas perguntas vieram na minha cabeça e quero compartilhar com vocês:

- O que te conecta ao seu trabalho hoje? Onde você está, faz sentido para você?
- Você tem um retorno (pessoal, profissional, financeiro) que faz sentido para você?
- Você conhece seus valores? Eles estão alinhados as suas escolhas?
- Se você pudesse mudar algo na sua carreira, o que seria?

Gostaria de te convidar a conhecer um pouco da minha experiência, que é única já que cada um tem a sua história, mas tenho certeza que trará alguns *insights* interessantes, afinal, me vi numa situação de perguntas, incômodos e busca por novos saberes.

MUNDO CORPORATIVO

Em seis meses minha vida mudou de cabeça para cima, digo para cima porque para baixo eu não estaria na posição correta. Eu me senti muito encaixada na minha nova realidade. O mercado de trabalho é encantador, é muito cômodo, gera menos inseguranças, mas por outro lado, eu sentia que tinha muito mais potencial a ser explorado do que eu podia entregar na minha função e cargo.

Esse sentimento veio à tona após visitar o Facebook e ver uma empresa futurista que trabalha com a multipotencialidade de cada um. O mercado está em constante mudança. Você já parou para pensar sobre o que você está fazendo para acompanhar essa mudança?

Educação

Eu percebi uma grande oportunidade. E aqui estou, conhecendo minha versão multipotencial para me adaptar ao mundo que era do futuro, mas já chegou, estamos nele.

CORAGEM

Qual o significado do sentimento de coragem para você?

Ouvi muita gente falando para mim: Nossa, é muita coragem da sua parte sair de uma multinacional para se jogar no incerto. Sim, coragem é agir com coração, é perceber o que faz sentido para você e correr na frente do que parece impossível, do que traz brilho aos seus olhos e te dá arrepios. Quando a gente se conecta com aquilo que nos inspira na essência, a coragem vem com uma potência desconhecida.

Eu me deparei com uma nova realidade de vida recheada de arrepios quando decidi mudar, passei a ler mais livros e ver palestras que se conectavam comigo de uma forma que chegava até a me emocionar e ficava toda arrepiada. Dizem que, quando os poros de nosso corpo se abrem, podemos absorver o invisível aos olhos. Você se recorda quando foi a última vez que você teve esse sentimento? Eu não me recordava até tomar a decisão de mudar. O livro que vou recomendar no final desse capítulo, foi um dos que mais me conectou com a minha essência e que me deu esses calafrios.

Quando seu momento chegar e a sua coragem surgir de dentro de você, procure algo que te tire o chão e que te motive a viver o que você ama!

DIVERSIDADE

Você conhece suas habilidades?

Você sabe no que realmente é bom?

Você pode fazer tudo o que acredita ser certo, na área em que trabalha?

A experiência no Facebook reforçou a minha visão sobre diversidade, já que por lá você pode fazer o que quer. Você se dedica um tempo de seu trabalho para a sua função específica (aquela pela qual foi contratada) e também, uma parte do seu tempo para fazer algo diferente, novo e desafiador.

Por exemplo: a festa de final de ano pode ser feita por qualquer pessoa, desde que essa pessoa tenha interesse e se inscreva para participar da organização. Isso é o significado do que eu tenho ouvido muito: diversidade! Não vai ser somente pessoas de eventos organizando um evento, vai ser uma pessoa de contabilidade, outra de marketing, outra de TI, etc.

Pessoas diferentes montam algo muito mais incrível e inovador!

Voltei, para minha mesinha de trabalho, onde todo dia era igual, volta e meia eu criava um projeto novo para me motivar, mas o dia a dia mesmo era bastante parecido. Nesse momento eu pensava: mas cadê esse mundo que vi por lá? Eu posso muito mais do que estou entregando aqui. Vamos para o mundo, porque ele é muito maior do que essa minha realidade!

EMPREENDEDORISMO

Eu já estava querendo sair da empresa que eu trabalhava, mas sempre me deparava com uma obrigação interna e cultural: eu não posso sair sem ter outro emprego, isso não existe! Até que minha queridíssima *coach* Amanda Bífaro falou: "Por que você não pode? Você continuando aonde está, ficará cega para o mundo e o mundo não enxergará você".

Essa frase ficou martelando na minha cabeça por um tempo. Até que parei e li um texto na internet que me marcou muito. O que interpretei do texto foi: se você está sem emprego, aproveite a oportunidade para se entregar ao que você ama. Quando você faz o que você ama você vai atingir tudo que deseja.

Depois disso parei e comecei a pensar: vou fazer da minha ideia o meu negócio. Eu já estava com o Instagram do @encontresaber funcionando, as pessoas já estavam dando vários feedbacks positivos. Por que não?

Diversos momentos eu refletia que isso podia acontecer, mas o fator cultural de não ter um emprego fixo sempre me abalava. Diversos momentos as pessoas me reconheciam pelo que eu tinha criado, pelo novo, por compartilhar conhecimento que me joguei!

A partir desse momento me vi empreendedora, dona do meu próprio negócio. E agora? O que fazer? Por um tempo foi difícil encontrar resposta para essa pergunta. A melhor que eu encontrei foi: veja e seja vista e jamais seja esquecida. Com isso, fui atrás, fui em todos os eventos que existiam, fiz 53 cursos em seis meses e conheci pessoas incríveis!

Educação

O que mais aprendi de tudo isso? Que precisamos sempre conectar e sermos conectados a pessoas. Elas que vão nos ajudar. Aquela pessoa que você não falava faz tempo pode te ajudar muito!

Uma pessoa em especial me ajudou muito, Karina Colpaert. Ela, que foi minha chefe quando ainda era do mercado e se transformou em uma grande amiga. Eu grudei nela. Sabe por quê? Ela tem excelentes conexões e sempre lembra de mim para me conectar com essas pessoas. Hoje eu tenho a melhor professora de Oratória, Katia Campelo e a melhor consultora de moda: Gabriela Ganem. E isso tudo graças a Karina. Estou com um excelente time para me preparar para esse mundo novo!

Qual imagem que você está querendo passar para o mundo? Eu escolhi dar alta propriedade para oratória e para a moda porque é através disso que as pessoas vão me enxergar e me ouvir.

MULTIPOTENCIALIDADE

Minha definição de multipotencialista é: pessoa que tem diversas habilidades e busca executar diversas funções simultaneamente. Aquelas que não querem ser especialistas em somente uma coisa, mas sim, querem se desenvolver em várias. Aquela que tem a curiosidade e vontade de aprender sobre muitas coisas.

Eu sempre gostei muito de fazer cursos. E sempre foi isso que me dava energia. Eu sempre busquei fazer cursos novos para aprender algo diferente, e isso hoje, se tornou o meu negócio.

Sempre ouvi as pessoas falarem: trabalhe com o que você ama. Eu mesma falei isso aqui no início, lembra? Mas quando você ama muitas coisas, a cabeça fica ainda mais confusa. Então minha sugestão é: busque uma sinergia entre todas essas coisas e se entregue! Coloque em um papel tudo que faz você entrar em estado de *flow*. Quando você entra em estado de *flow* é quando você faz algo que você não sente que o tempo passou.

Abaixo listei algumas tarefas que me fazem entrar em estado de flow e o que nelas achei sinergia para montar o meu negócio:

1- Fazer cursos / participar de palestras - sempre aprender algo novo

2- Conversar com pessoas interessantes - tem vezes que não só entro em estado de *flow*, como não quero que o tempo passe mesmo!!

3- Fazer pesquisa na internet - eu sempre fui a pessoa na qual

Inovações e ressignificações

as amigas sempre pedem para pesquisar algo, porque vão ter certeza que eu não vou desistir até achar.

4- Ver redes sociais - quem não? Mas o meu Facebook só aparece cursos (amo inteligência artificial), então é ótimo para o meu negócio!

5- Tecnologia - eu, diferente da minha mãe achava que ia trabalhar com Tecnologia da Informação. Sempre gostei muito de descobrir novas tecnologias e isso é um grande *hobbie*. Hoje, o meu cantinho já é bastante automatizado e controlado pelo celular (*smart home*).

Qual sinergia sobre isso tudo? Aprendizado! Buscar descobrir sempre algo inovador! A palavra inovação me dá aquele arrepio que falei no início, lembra?

ENCONTRE SABER

Juntando e misturando tudo que falei acima, surgiu o Encontre Saber (minha busca constante por encontrar novos saberes). Mas a ideia não veio do nada, tem história por trás, senta que vem textão!

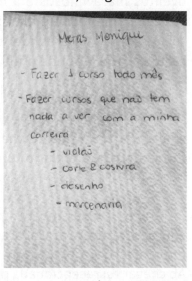

No início desse ano, ao visitar minha amiga Lana Brunini, vi que ela tinha escrito metas pessoais para o ano. Sempre tive metas no trabalho, mas nunca tinha cogitado escrever desafios para a minha vida pessoal. Sai da casa dela muito motivada a fazer as minhas! No carro mesmo, peguei um guardanapo que estava jogado por lá e escrevi: Fazer um curso diferente por mês. Essa era a meta base, mas me desafiei a fazer um por semana, sendo palestra, curso presencial ou *online* e *workshops*.

Passaram seis meses desde que comecei e já realizei 53 cursos, dobrando a meta semanal (seis meses – 26 semanas). Já estou estudando minha meta para o ano que vem. Você, alguma vez já fez metas pessoais? Não espere o início do ano para escrevê-las, faça hoje e estipule seu prazo! Você vai se assustar com a sua capacidade.

Educação

Por causa da minha meta, eu fui em busca de cursos. Eu entrava em uns vinte sites (juro!) e montava uma planilha com todos. Depois ia escolhendo o que mais se adequava a minha disponibilidade, ainda estava no mercado de trabalho nessa época e isso me fez perder muitos cursos incríveis! Mas as minhas noites eram totalmente dedicadas aos eventos educacionais. Todo mês eu repetia essa planilha, que dava em torno de 400 linhas. Muitas vezes eu me questionava: eu estou com um ouro na mão e estou jogando fora. Eu não posso ir nesses cursos incríveis, mas tem gente que pode! Vou compartilhar! E assim surgiu o Instagram @encontresaber. Compartilhava todos os eventos que eu achava interessante para que outras pessoas pudessem ir!

Esse projeto me possibilita conhecer pessoas incríveis, ir a eventos maravilhosos e a muitos cafés de encontro. Num desses cafés, me recomendaram ir para o Vale do Silício. Se eu estou querendo empreender em um negócio do futuro, nada mais certo do que ir aonde o futuro já está acontecendo. E lá fui eu!

MINDSET DO VALE

Eu fui conhecer o Vale com a StartSe, uma empresa que organiza um programa de imersão no Vale do Silício. Fui para Califórnia para desvendar o futuro e vou resumir toda minha experiência na visita que mais me marcou:

Draper University: Eu que agora me vejo trabalhando com educação, precisava ver o que seria o futuro dela e vi muitas coisas na Draper. Ao chegar fui recepcionada por uma secretária sentada numa mesa que é um carro Tesla. Já provando o quanto que é futurista, né? Outro fato importante para se destacar: a faculdade foi desenvolvida no prédio de um antigo hotel, ou seja, os alunos ficam hospedados no próprio espaço, reduzindo o custo de moradia e transporte.

Inovações e ressignificações

Mas, vamos ao que importa: as salas de aula! Na sala principal têm diversos pufes coloridos e espalhados (foto ao lado) e para cada aula uma pessoa do mercado é convidada a lecionar. Tem coisa melhor do que aprender com quem vivencia o assunto? Um dos professores convidados é Elon Musk, considerado o maior empreendedor dos últimos tempos (http://bit.ly/elonmusk-mw).

A programação da universidade é o dia inteiro, com integração desde a hora que acorda até a hora de dormir. Eu achei isso maravilhoso porque retrata muito a realidade que vivemos, conectados o dia todo.

ESCOLHAS

A gente faz escolhas desde o momento que acorda até o horário de ir dormir. Quando você acorda, você escolhe se vai ser feliz ou não. Você está feliz com as escolhas que tem feito? Eu sempre me pego pensando sobre o que vão falar de mim quando eu morrer. Será que eu vou me orgulhar disso?

O livro que mais me marcou na vida até hoje, que me deu os calafrios que falei no início do texto foi: Eu sou as escolhas que faço da Elle Luna. Ela mostra, em diversos momentos da vida dela a importância que as escolhas fazem na nossa vida. E uma página em especial me marcou muito, pessoas que empreenderam em diversas idades, ou seja, não tem idade para inovar e procurar fazer o que você ama.

Em 2017, eu fiz a escolha de mudar e ser muito feliz! O empreendedorismo dá medo, gera muita insegurança, mas fazer o que você acredita e com propósito de mudar algo faz com que tudo faça sentido e me deixa realizada por ter tido a coragem de mudar e hoje ser feliz. Estou orgulhosa que fiz a escolha certa!

Referências
LUNA, Elle. *Eu Sou As Escolhas Que Faço*. Sextante, 2016
Forbes, Profile- *Elon Musk*. Disponível em: <https://www.forbes.com/profile/elon-musk/>. Acesso em 6 de novembro de 2017.

Inovações e ressignificações

21

Reaprender para ensinar: metodologias ativas uma nova visão de ensino-aprendizagem

Inovar é criar mas, também, ressignificar! Venham nos acompanhar e, a educação, vamos transformar!

Patrícia Vieira

Educação

Patrícia Vieira

Patrícia Vieira é Administradora, possui MBA em Gestão de Pessoas e Especialização em Psicologia Organizacional (Centro Universitário Anhanguera de Santo André), é Educadora do curso de Gestão Empresarial em Escolas Profissionalizantes no ABC Paulista e Professora nas disciplinas Estratégia de RH, Gestão de Pessoas, Psicologia aplicada às Organizações e Teoria Geral da Administração na Faculdade Piaget em Suzano. Assistente de Gestão de Políticas Públicas na Secretaria Municipal da Saúde/SP. Integrante da equipe técnico-administrativa Coordenação de Gestão de Pessoas Sudeste. Palestrante na Semana da Administração e Ciências Contábeis na Faculdade Anhanguera de São Caetano com o tema Redes Sociais aliadas na implantação da Responsabilidade Social. Palestrante na Semana da Administração com o tema Etiqueta Profissional na Faculdade Piaget – Suzano na Semana da Administração. Palestrante na Feira Profissões na All Net – Marechal com o tema Como se Preparar Para um Concurso Público.

Contatos
propatriciavieira@gmail.com
Facebook: propatriciavieira

Inovações e ressignificações

Minha história acadêmica inicia-se ministrando aulas Técnicas Administrativas e Atualidades, em um curso voluntário em Centro de São Bernardo. Lembro-me como hoje, tudo muito simples, minhas pernas tremiam e basicamente eu trabalhava com a exposição dialogada e texto imensos na lousa, eu era recém-formada e estava fazendo a minha primeira pós, contudo, minha motivação e o interesse dos alunos faziam viajar pelos temas discutidos. As aulas voluntárias me impulsionaram a buscar o aprimoramento e a partir do ensino, cooperar para que as pessoas tenham uma formação e um futuro profissional melhor.

Este capítulo inicia-se pelo final da minha reflexão sobre tornar as aulas mais dinâmicas e este foi um disparador para o começo da jornada na busca pela melhoria contínua nas aulas para o nível superior, cursos profissionalizantes, cursos voluntários e capacitações que ministrei, ministro e ministrarei e com a intenção de dar ideias aos meus colegas instrutores, educadores e professores. De antemão peço licença e desculpas pela minha quedinha por termos da Administração de onde vem minha formação inicial.

Em meados de 2016, com a intenção de contribuir com melhoria da didática nas capacitações no serviço público, aceitei o desafio de fazer o Curso de Aperfeiçoamento em Processos Educacionais com Ênfase em Metodologias Ativas.

No primeiro dia de aula saí com várias interrogações, com a sensação de que não tinha compreendido nada. O que eram as metodologias ativas? Eu já trabalhava com elas? Tive minha formação arraigada na metodologia tradicional, com as bibliografias básicas para consultas e sempre o professor como o centro do saber. Contudo, já estávamos entrando nas metodologias ativas e quando a facilitadora nos informou que trabalharíamos com metacognição tudo ficou mais claro e lógico após eu retomar o que significava: conhecer o próprio ato de conhecer ou como conhecemos algo? Quais mecanismos e as estratégias que utilizamos para conhecer e repensar como conhecemos?

Enfim estava envolta em uma cortina de fumaça e tinha a expectativa que ao longo do curso ela seria dissipada. Para começar a entender meu papel no curso fui atrás de referenciais. Lendo Bastos (2006) que conceitua Metodologias Ativas como "processos interativos de conhecimento, análise, estudos, pesquisas e decisões individuais ou coletivas, com a finalidade de encontrar soluções para um problema, entendi que uma boa parte do meu aprendizado dependeria da minha disponibilidade em relação à busca dos significados.

A primeira reflexão sobre a metodologia que eu utilizava na sala foi impactante. Será que eu poderia melhorá-la? As aulas se tornariam mais dinâmicas e interessantes? E fariam mais sentido aos alunos? Ao longo do capítulo veremos os progressos e convido vocês para refletirem sobre o tema.

Caso 1 – Abertura para a exposição da vivência profissional e conhecimento prévio do aluno

Aos 32 anos de idade e com quase seis anos de experiência na área da educação, deparei-me com um desabafo marcante: um aluno comentou que em uma determinada aula, o professor ficava incomodado com as perguntas que geravam debates sobre o conteúdo, segundo o aluno o profissional interrompia a aula e aguardava todos ficarem em silêncio.

Ora, se a sala de aula é um rico espaço para ensino-aprendizagem nada mais pertinente e enriquecedor que propiciar a abertura para a construção do tema em sala de aula.

Não imagino uma aula que os alunos não possam participar, trazer seus conhecimentos prévios, as suas vivências e correlacionar com a disciplina ministrada. Esta é uma excelente maneira de plantar a semente do aprender a aprender.

A maioria dos alunos está acostumada a receber o pacote pronto, teoria explicação, revisão e prova. Não critico a metodologia tradicional, a aula expositiva, mesmo porque a utilizo em alguns momentos. Porém, acredito em inovações que possam estimular o aluno e fazer o aprendizado ter sentido na vida pessoal e profissional dele, uma vez que ele será corresponsável pelo seu trajeto pedagógico.

Muitos colegas optam por dar aulas 100% tradicionais utilizando somente e tão exclusivamente o giz, a lousa e os livros, inclusive re-

Inovações e ressignificações

cursos estes que muito utilizo, porém como chegar à sala de aula em disciplina teóricas como Técnicas em Secretariado ou Teoria Geral da Administração somente com estes recursos sempre? Imaginem vocês o desânimo de cada um dos alunos após o terceiro dia de aula.

Acredito que seja o momento de quebrarmos paradigmas e sairmos do lugar do professor dono do saber exclusivo e passarmos para o papel de facilitadores. O objetivo é impulsionar a abertura para a autonomia do aluno em relação ao seu aprendizado que passa a ser o aprendente e é estimulado a apresentar seu conhecimento prévio, refletir sobre o tema proposto e buscar bibliografias complementares para construir novas ressignificações.

Caso 2 – O conteúdo tem que fazer sentido para os alunos

Certa vez um aluno me perguntou por que tinha que aprender a história da Administração? Algumas teorias eram dos séculos XIX e XX e não faziam mais sentido no século XXI.

Alguns colegas de profissão achariam uma heresia contra Taylor e Fayol, conhecidos como os pioneiros da Administração. Mas achei pertinente a pergunta e cabia a sensibilidade de entender que até aquele momento tudo que tínhamos visto sobre aquele tema não tinha feito sentido para o aluno. Fomos buscar a história de algumas empresas que solicitei que os próprios alunos trouxessem. Uns pesquisaram empresas em que trabalhavam, outros buscaram as organizações renomadas e por meio de estudos de casos ou de exposição dialogada foram apresentadas as bases de cada instituição: as missões, as visões e os valores para entendermos de onde estas organizações saíram e aonde elas chegaram. Os alunos conseguiram perceber por meio dos exemplos trazidos, a importância dos primórdios da Administração e que muitos conceitos até hoje são utilizados nas empresas. Além de observar a pergunta inicial do aluno como um disparador para pesquisarem, debaterem e resolverem a problemática colocada.

Por fim, no final do semestre recebi um e-mail agradecendo a forma de ministrar a aula e a metodologia de ensino:

> (...) Quero lhe agradecer pelas aulas. Gostei muito da sua metodologia de ensino. Expresso aqui minha gratidão (...)

O papel do docente nas metodologias ativas é de facilitador e parceiro do aluno. O aluno por sua vez será o aprendiz e deverá gozar de disponibilidade para aprender, está sincronia é necessária para fluir o ensino e a intencionalidade educacional ser alcançada.

Caros, vamos estimular os nossos alunos a pensar, plantar a inquietação na busca pelo conhecimento, plantar a semente do aprender a aprender, incentivarmos eles a pesquisarem os conteúdos, os autores e compartilharem na próxima aula. Assim envolvemos os discentes, tornando-os corresponsáveis pelo aprendizado.

Muitos de nós trabalhamos com Arco de Margarez institivamente, sugerimos que nossos alunos observem a realidade e anotem pontos-chave da temática. Depois disto, pedimos que os alunos façam pesquisas bibliográficas e conversem com os colegas e profissionais da área. Entretanto, no momento das hipóteses de solução, os estudantes devem embasar-se nos estudos que fizeram, devem ser críticos e implantar soluções viáveis, possíveis de ser materializadas, encontramos aí a realidade como a base de partida e de chegada. E são de situações vivas que carecemos do envolvimento dos nossos discentes, pois quando eles pisarem fora da escola, irão se deparar com a mais pura realidade de um mundo competitivo que os mais bem preparados conseguem alcançar o clímax na carreira. Em Bordenave (1989 apud BERBEL, 2012, p.56) cita:

> A pedagogia da problematização parte da base que, em um mundo de mudanças rápidas, o importante não são os conhecimentos ou ideias nem os comportamentos corretos e fáceis que se espera, mas sim o aumento da capacidade do aluno – participante e gente da transformação social – para detectar os problemas reais e buscar para eles soluções originais e criativas. [...]

Pude acompanhar os alunos que desistiram de seus cursos, a maior causa era por conta das complicações do trabalho, horários, deslocamento e etc. E em outros momentos tínhamos o paradoxo, a falta do trabalho levavam os alunos a desistirem dos estudos, outros aspectos que tive acesso pelos próprios alunos era a desmotivação, ora por gravidez ou problemas familiares e ora pela dificuldade de aprendizagem. Sentia muito quando cada um destes alunos deixava o curso, mas, aprendi muito com cada um deles, a

Inovações e ressignificações

maioria dos gargalos são econômicos e sociais e fogem da governabilidade do educador, mas tornar a aula mais atrativa, fazendo os nossos educandos pensarem/refletirem faz parte da nossa missão.

Gosto muito de uma frase no livro Pedagogia da Autonomia que diz que "Ensinar não é transferir conhecimento". (FREIRE, 2016, p.24). Penso que ensinar é despertar o aluno/aprendiz para o pensamento crítico em relação ao tema proposto, não é simplesmente expor nossas ideias e pontos de vistas e fazê-los aceitar. Cada indivíduo tem o seu tempo de aprendizado, tem a sua forma de sentir e absorver determinada matéria em sua forma ampla, não se limitando a tão somente os conteúdos.

Caso 3 – O aluno que não gostava de teoria

José (nome fictício) há 4 anos atrás aproximadamente foi aluno em um curso profissionalizante. Aluno presente, esforçado e dedicado, mas deixava claro que gostava mais das matérias voltadas à área de exatas.

Eu conversava com ele sobre a importância das matérias teóricas, pois nos dão a base para refletir sobre as situações do dia a dia. Porém, a sua falta de interesse pela teoria me desafiava a criar estratégias para conquistá-lo. Então, comecei a problematizar os temas propostos e sentar-me no círculo com os alunos para debater o assunto. Todo conteúdo era debatido e buscávamos aplicações possíveis dentro das empresas em que trabalhavam e a aula começou a ficar bem mais animada e participativa. O discente trabalhava na área administrativa durante o curso, e após o término do curso ingressou em uma faculdade para cursar Administração.

Me senti lisonjeada quando soube que depois de cinco anos, ele estava utilizando muito dos conteúdos aprendidos na graduação. Percebi que mudando a estratégia, o aluno viveu o efeito do aprendizado.

Case 4 – Experiência com as fases da Espiral Construtivista

Recentemente fiz uma experiência em uma aula com uma das turmas, levando em conta que toda inovação é bem-vinda. Pensando nisto, decidi que não daria respostas prontas aos alunos e usaríamos as fases da Espiral Construtivista. O ponto de partida seria a reflexão e a inquietação na busca pelo conhecimento. Imaginem vocês chegando à sala de aula e encontrando os alunos com pesquisas, ansiosos para debaterem e chegarem às questões de aprendizado e nas respostas finais, ou seja, as ressignificações. Isso será possível quando começarmos a ativá-los a buscar o conhecimento. E foi isto que fiz. Entreguei uma situação problema sobre Oratória, cada um leu a sua e tudo começou a fluir. A turma começou a refletir sobre o problema, respeitando o tempo, pois é importante que respeitemos o espaço temporal de cada um. Após a identificação dos problemas, passamos para a elaboração das questões de aprendizagem que nos leva a buscar novas informações e bibliografias e requer o esforço individual do aluno no desenvolvimento da sua pesquisa. A busca pelas informações foi à próxima fase, permitindo o uso do internet, livros e revistas desde que as fontes fossem confiáveis. Na hora da ressignificação foram analisados os conhecimentos prévios e as teorias apresentadas por eles, por isso a necessidade de uma pesquisa qualificada dos dados que foram expostos para o grupo. Por fim, fizeram a avaliação dos conteúdos e respectivamente das fontes de pesquisa. Para concluir a Espiral trabalhamos com a avaliação formativa do processo de ensino-aprendizagem e inicialmente percebi que alguns ficaram incomodados em participar do processo avaliativo, composto pela autoavaliação, a avaliação do grupo e a avaliação do facilitador.

Assim como entrar nas metodologias ativas foi desafiador para mim, não foi diferente para os alunos. O *feedback* foi positivo, relataram que "ficou mais fácil de entender desta forma". (Anastasiou, 2015, p. 18), destaca que "o aprender é um ato interno, pessoal e voluntário, efetivado pelo aprendiz na medida em que se constrói e se assume sujeito de seu processo cognitivo".

Referências
ANASTASIOU, Léa das Graças Camargos. *As bases teórico-metodológicas da de adultos e os desafios da metodologia ativa nos cursos de graduação*. Metodologias Ativas de Aprendizagem no ensino superior: relatos e reflexões. São Paulo: Intermeios, 2015, p. 18-26.
BASTOS, C. C. *Metodologias ativas*. 2006. Disponível em: http://educacaoemedicina.blogspot.com.br/2006/02/metodologias-ativas.html. Acesso em: 06 mar. 2017.
BERBEL, N. A. N..*A Metodologia da Problematização com o Arco de Maguerez: uma reflexão teórico-epistemológica*. Londrina: EDUEL, p.50-56 2012.
BORDENAVE, Juan Díaz. *Alguns fatores pedagógicos*. In: MINISTÉRIO DA SAÚDE, Secretaria Geral. Secretaria de Modernização Administrativa e Recursos Humanos. Brasília, 1989, p.19-26: Capacitação pedagógica para instrutores/supervisores da área da saúde.
FREIRE, Paulo. *Pedagogia da autonomia: saberes necessários à prática educativa*. São Paulo: Paz e Terra, 2016.

22

Por uma pedagogia intertranscultural

Quais as características e a importância de buscarmos uma Pedagogia Intertranscultural? O que a difere de outras pedagogias? Quais os seus pontos de partida? E como ela pode contribuir para uma educação mais inclusiva e condizente com o nosso tempo e com a educação do futuro? Estas e outras perguntas são analisadas e parcialmente respondidas neste artigo. Outras respostas caberão ao leitor apresentar

Paulo Roberto Padilha

Educação

Paulo Roberto Padilha

Mestre e doutor em educação pela Faculdade de Educação da Universidade de São Paulo, pedagogo, bacharel em ciências contábeis e músico. É docente, palestrante e coordenador da Educação a Distância do Instituto Paulo Freire. É autor dos livros *Educar em Todos os Cantos: por uma Educação Intertranscultural*. São Paulo, Cortez/IPF, 2007; Ed,L, 2012; *Currículo Intertranscultural: novos itinerários para a educação*. São Paulo, Cortez/IPF, 2004 e *Planejamento dialógico: como construir o projeto político-pedagógico da escola*. São Paulo, Cortez/IPF, 9 ed, 2017 (1 ed. 2001). Publicou também *Município que Educa: Nova arquitetura da gestão Pública*. (São Paulo, Caderno de Formação n. 2, Ed,L. IPF, 2009), entre outras publicações. É pesquisador nas áreas do planejamento educacional, do currículo e da pedagogia freiriana.

Contatos
www.transbordarte2033.com.br
padilha5200@gmail.com

Inovações e ressignificações

Apresento neste breve ensaio, algumas reflexões relacionadas às bases do que chamo de "Pedagogia Intertranscultural".
Por diversas vezes, Paulo Freire (1921–1997) nos orientou a escrever "Pedagogias". Ele mesmo, dando-nos o exemplo, escreveu várias delas: "pedagogia do oprimido", "pedagogia da esperança", "pedagogia da autonomia", "pedagogia da indignação". Outras pedagogias nasceram desta orientação freiriana, como que dando continuidade à "pedagogia do oprimido", e, em certos aspectos, procurando reinventá-la, como queria o próprio Freire. Evidentemente, fora dessa perspectiva, sugiram também outras denominações pedagógicas, não necessariamente afinadas com o pensamento freiriano.

Só para exemplificar, temos, na atualidade, diferentes estudos relacionados à práxis pedagógica – que dão origem às várias pedagogias que têm nos servido de referência nos últimos anos: pedagogia "do diálogo", "dialética", "da práxis", "da Terra", "institucional", "do conflito", "da revolução, "do amor", entre outras. Fala-se ainda em "da essência", "da existência", entre outras.

Existem diferentes pedagogias e, na história da educação, elas se afirmaram e serviram para defender diferentes modelos de sociedade. Por conseguinte, diferentes formas de transmitir às atuais e futuras gerações os modelos socioeducativos que serviram para a melhor convivência social em cada contexto histórico.

Entendemos que no final do século XX, início do século XXI, a pedagogia pôde ser considerada ciência e arte da educação. Ela é ciência que tem por objeto os processos educativos em sua dimensão mais ampla, não só aqueles considerados escolares. Trata-se da pedagogia compreendida no contexto do conceito de práxis, ou seja, como união/tensão dialética entre teoria e prática ou, ainda melhor dizendo, como ação transformadora.

Quanto mais a pedagogia estiver próxima e conectada às demais ciências e sensível às contribuições das outras formas de conhecimento,

Educação

como por exemplo, as artes e todas as manifestações criativas e simbólicas, maiores serão as possibilidades de que consigamos construir, nos processos educativos, a conformação de uma pedagogia emancipadora, transformadora, respeitosa à cultura dos alunos e dos próprios mestres, como discutiremos oportunamente.

Por este caminho é que reafirmamos o nosso entendimento da pedagogia como ciência e arte da educação. Isso significa também:

> Compreendê-la, então, como modo de produção cultural implicado na forma como o poder e o significado são utilizados a serviço da ampliação da democracia.
> (Candau, 1997, citada por Moreira, 1999a:87)

Como podemos inferir, pelo que até agora afirmamos, defendemos a pedagogia que considera que querer bem ao educando significa que o educador:

> Permanecendo e amorosamente cumprindo o seu dever, não deixe de **lutar politicamente, por seus direitos** e pelo respeito à dignidade de sua tarefa, assim como pelo zelo devido ao espaço pedagógico em que atua com seus alunos
> (idem, 1997:161).

Perguntaríamos como alguém que não se respeita, que não respeita os seus próprios direitos, que, às vezes, nem os conhece e que não luta por eles, poderia ensinar outro alguém sobre o exercício de algum direito ou sobre qualquer outro conteúdo de forma crítica e emancipadora? Ou como alguém desacostumado a lutar pode conhecer o sabor da luta ou da possível vitória? Ou como um professor que se deixa vencer pela rotina, por mais dura que pareça, pode contribuir para a formação de sujeitos que exerçam plenamente a sua cidadania e saibam lutar e defender os seus direitos civis, sociais e políticos?

Pensando agora numa Pedagogia Intertranscultural, refiro-me à intertransculturalidade como uma perspectiva educacional que trabalha com as diferenças e com as semelhanças culturais. Ela visa a todo tipo de inclusão e às aproximações, às interações e interconexões de experiências educacionais, individuais e coletivas, objetivas, subjetivas e intersubjetivas, que acontecem na localidade e no planeta em que vivemos. A Educação Intertranscultural, segundo teorizo, dá ênfase à diversidade cultural no currículo de toda ação educativa, e essa diversidade carrega em si mesma, diferentes diferenças e múltiplas semelhanças.

Inovações e ressignificações

Nessa direção, a Pedagogia Intertranscultural se refere, necessariamente, aos estudos relacionados às práxis educativas intencionais, escolares e não escolares. Ela pretende contribuir para fundamentar e problematizar programas, projetos e ações que estimulem a realização, em diferentes espaços e tempos, de diálogos interativos e comunicativos entre as aprendizagens que acontecem em todas as modalidades e níveis de ensino. Trata-se de investigar processos educativos que tentam superar as dicotomias que resultam da desinformação, do fundamentalismo de todo tipo, das incertezas ou das certezas absolutas no campo das ciências, das artes, das transcendências, da política. Isso significa: caminharmos "entre", "ao mesmo tempo" e "para além" das históricas visões particularistas ou universalistas. Isso resulta em diferentes interesses de pessoas grupos e instituições. Entre os eles, os econômicos, que por exemplo, negam sistematicamente o diálogo para enfatizar e tornar único o discurso pedagógico, social, cultural e político, subordinando tudo às leis do mercado.

Estamos defendendo o diálogo crítico como alternativa às construções monoculturais em educação para que sejamos capazes de conviver reconhecendo, respeitando e valorizando as diferenças e as semelhanças culturais, pois ambas são fundamentais e presentes em nossa humanidade, conforme as nossas origens, etnias, histórias individuais e coletivas e de acordo com os contextos glocais (global + local), socioculturais, socioambientais, políticos, econômicos – enfim, planetários, em que vivemos.

Nossa perspectiva científico-pedagógica é trabalhar mais com as conexões (uma coisa e outra) do que simplesmente com a oposição ou negação (uma coisa ou outra) dos vários conhecimentos e saberes e suas respectivas manifestações socioculturais e socioambientais relacionadas ao Sistema Cultural Simbólico (linguagens, artes, ciências humanas, transcendências etc.), Associativo (ciências políticas, direito, antropologia, sociologia etc.) e Produtivo (ciências naturais, tecnologias etc.). Buscamos processos educacionais que promovam a inclusão social, humana. O que consequentemente leva a um olhar ecossistêmico e considerado por todas as formas e manifestações de vida existentes no planeta. Daí a necessidade de um currículo da escola que trabalhe com e para além da multirreferencialidade humana.

Para concluir, a fim de buscarmos sínteses possíveis, mas apenas anunciadas e não aprofundadas aqui, por absoluto limite da própria

Educação

característica desta publicação, apresento algumas características da Pedagogia Intertranscultural, mais para provocar atuais e futuras reflexões prático teóricas. São elas:

a) procurar aproximações, na perspectiva de uma visão de totalidade, das ações propostas nos processos educativos, considerando a complexidade dos mesmos e evitando nos conformarmos, por exemplo, com análises dicotômicas, sejam elas racionalistas ou idealistas, ou com visões particularistas ou universalistas de mundo e de conhecimento;

b) procurar valorizar o trabalho intertransdisciplinar, quando este cria condições para o encontro entre diferentes disciplinas ou áreas do conhecimento e quando, nesse processo, propõe-se uma ação curricular emancipadora;

c) o seu ponto de partida, enquanto investigação da práxis educativa, não são as disciplinas, as áreas do conhecimento, as ciências ou as artes. Os seus pontos de partida são as pessoas, os coletivos humanos e as relações que eles estabelecem entre si e com o mundo em que vivem, na relação da construção de novos conhecimentos e saberes que permitem a formação humana cidadã e integral.

Quanto mais nos colocarmos do ponto de vista da outra cultura, resgatando, respeitando e valorizando as várias etnias e, a partir disso, conhecendo melhor a nossa própria cultura e as nossas múltiplas identidades, seremos cada vez mais intertransculturais. E isso não significa apenas trabalhar, por exemplo, com grupos de pessoas que se encontram pela primeira vez em determinados contextos socioculturais de migração. Isso significa reconhecer nossa vida cotidiana, no dia a dia das nossas relações. Além de perceber que todas as pessoas são, em alguma dimensão, diferentes e semelhantes às outras, em determinados aspectos, e essa situação nos ajuda a construir uma relação educacional mais humanizada, mais condizente com os interesses, com as experiências, com as necessidades e com as características de cada cultura.

A diferença e a semelhança cultural – étnica, social, de gênero, geracional, religiosa, entre outras -, estão presentes na nossa vida cotidiana, nas salas de aula, nas creches, nos espaços públicos que também educam ou que são potencialmente educativos, nos ambientes diversos que frequentamos para trabalhar, para o lazer, para qualquer tipo de convivência social, começando pela própria família. Por isso é que precisamos reconhecê-las até mesmo para melhorar e humanizar a nossa própria convivência humana, bem como nossas relações com todas as formas de vida do planeta. Hoje, os tempos, os espaços de relação e de contatos culturais, principalmente levando em consideração as novas tecnologias da comunicação, são outros, muito mais complexos e amplos, exigindo novas formas de enfrentamento do fenômeno multicultural e de suas manifestações mais diretas, como a violência, o preconceito, os conflitos sociais, raciais, étnicos, sexuais, religiosos, econômicos, políticos, entre outros.

Procurar aprender a utilizar as várias linguagens artísticas, as várias formas de expressão simbólica e representativa, material e imaterial, presentes em nossas vidas cotidianas, são também formas de avançar na direção da construção de uma Educação que compreende o mundo com base nas relações dialógicas que nele se estabelecem e que também podem se dar por conexões (e/e).

Referências
CANDAU, V. M. (org.). *Magistério: Construção cotidiana*. Petrópolis: Vozes, 1997.
FLEURI, Reinaldo Matias (Org.). *Intercultura e movimentos sociais*. Florianópolis, Mover/NUP, 1998.
FREIRE, Paulo. *Pedagogia do oprimido*. 17a. ed. Rio de Janeiro: Paz e Terra, 1987.
GADOTTI, *Diversidade cultural e educação para todos*. Rio de Janeiro: Graal, 1992.
PADILHA, Paulo Roberto. *Planejamento dialógico: como construir o projeto político-pedagógico da escola*. São Paulo, Cortez/IPF, 2001. 9a edição, 2017.
_____. *Currículo Intertranscultural*. Novos itinerários para a educação. São Paulo: Cortez: Instituto Paulo Freire, 2004.
_____. *Educar em todos os cantos. Reflexões e Canções por uma Educação Intertranscultural*. São Paulo: Cortez: Instituto Paulo Freire, 2007.

Inovações e ressignificações

23

Tecnologias da informação e comunicação na escola

As Tecnologias de Comunicação e Informação têm estimulado avanços na sociedade moderna. Assim, a Escola tem sido pressionada a criar novos arranjos e processos de ensino-aprendizagem, atentando-se para seu papel social e atuando para promover a inclusão. Para além de apenas se equipar com novos recursos tecnológicos, a Escola precisa ressignificar, inclusive, suas práticas de formação docente

Prof. Luciano Alves Nascimento

Educação

Prof. Luciano Alves Nascimento

Doutorando em Ciências Empresariais e Sociais pela Universidad de Ciencias Empresariales y Sociales (BuenosAires/Argentina). Luciano Alves Nascimento, possui Mestrado em Administração e Desenvolvimento Empresarial pela Unidade Estácio de Sá/RJ, Especialização em Administração de Sistemas de Informação pela Universidade Federal de Lavras, Formação Pedagógica equivalente à licenciatura em Matemática pela Faculdade da Aldeia de Carapicuíba (FALC) e graduação em Administração de Empresas pela Universidade Presidente Antônio Carlos (2002). Atualmente é Professor Efetivo do Ensino Superior na Universidade do Estado de Minas Gerais (UEMG) e Professor da Faculdade de Tecnologia SENAC Minas - Unidade Barbacena, à frente das disciplinas Informática e Novas Tecnologias Aplicadas à Educação, Administração de Projetos, Logística e Administração de Materiais, Sistemas de Informação e Estatística Aplicada à Educação.

Contatos
www.uemg.br
luciano.nascimento@uemg.br
(32) 98407-0400

Inovações e ressignificações

As últimas décadas têm testemunhado um avanço significativo no alcance e na utilização das tecnologias da informação e comunicação. Tal avanço tem impactado, sobremaneira, quase todas as interfaces de convivência humana, passando pela forma como as pessoas trabalham, se comunicam e buscam qualificação através do ensino.

Nesse sentido, Pinho (2008) considera que as mudanças associadas à incorporação social das Tecnologias da Informação e Comunicação – as TICs – chegariam ao ponto de demarcarem um possível novo estágio do desenvolvimento das sociedades.

Corroborando com essa afirmação, Zuin (2010) pontua que tais transformações, em razão de sua grande intensidade estão gerando ressignificações de conceitos até bem pouco tempo aceitos, tais como o que é infância, juventude, velhice, família, inclusão ou exclusão social e qual seria o papel da escola neste contexto.

Deste modo, a forma como a Escola se estrutura e as estratégias pedagógicas de que faz uso precisam se alinhar com esta nova realidade. Sob pena de atuar para perpetuar e intensificar, mesmo que involuntariamente, o processo de exclusão dos indivíduos.

Alguns autores afirmam que a Escola tem um papel social relevante no combate à exclusão digital, considerando que deve ser incutida nela a responsabilidade de viabilizar o acesso às novas tecnologias para aqueles que, de outra forma, não teriam tal possibilidade.

Para isto, o processo de formação de professores também precisa ser repensado de forma a retroalimentar o ciclo de atividades que manterá a configuração da escola alinhada com as demandas da nova realidade das sociedades humanas.

O que é tecnologia?

Para Pinto (2004), a forja do termo tecnologia remonta à Grécia antiga, tendo sua gênese na estreita relação entre ciência e técnica, inseridas num contexto maior, definido por diretrizes sociais, políticas, econômicas e culturais. Para o mesmo autor, teoria (*theoreo*) é o "ver com os olhos do espírito, contemplar e examinar sem a atividade experimental." Por outro lado, a técnica (*techné*) está "ligada a um conjunto de conhecimentos e habilidades profissionais. [...]. O conhecimento técnico era o trabalho feito com as mãos [...]" (PINTO, 2004, p.3).

Assim, é notório que o conhecimento teórico, conforme o significado grego clássico para a palavra *theoreo* era um conhecimento mais abstrato, edificado a partir de uma atitude reflexiva, mas, não necessariamente empírica, enquanto o conhecimento da *techné* seria essencialmente aplicado, dando forma à técnica e que tem sua origem "com a utilização de objetos que se transformam em instrumentos naturais" (PINTO, 2004, p.2), visando habilitar o homem a superar limites impostos pela natureza, subjugando-a, na medida do possível.

Por fim, Miranda (2007) propõe que a tecnologia é o resultado da aplicação do conhecimento teórico, com o objetivo de formular novas técnicas. Pinto (2004) destaca que as novas técnicas consubstanciarão a construção de novos conhecimentos teóricos, retroalimentando um processo *ad eternum*.

Sociedade da Informação, do Conhecimento ou da Aprendizagem?

Segundo Coutinho e Lisbôa (2011), com a globalização e os grandes avanços no campo da internet e das TICs, emerge um novo *mainstream* social, descrito por alguns autores como Sociedade da Informação, uma nova etapa do desenvolvimento humano que adota a informação como o principal ativo competitivo. Assim, a expressão Sociedade da Informação seria utilizada, normalmente, para se referir a uma sociedade com grande acervo de informações produzidas em cada uma das modalidades de interação humana, com uso das tecnologias da informação e comunicação.

Diversos autores, tais como Andy Hargreaves e Manuel Castells, têm se dedicado a elucidar tal conceito, ampliando seu alcance e mencionando o conceito de "sociedade do conhecimento". Essa concepção mostra que, muito além do uso e acumulação de dados e informações, estamos vivendo um tempo em que a capacidade dos indivíduos construírem conexões e sinapses de alto nível é que consistirá na efetiva diferença entre estar inserido no contexto ou estar alienado e à margem da sociedade. Deste modo, a vantagem reside na capacidade de produzir, além de novos dados e informações, conhecimentos relevantes para lidar com as múltiplas demandas desta nova era.

Hargreaves (2004) vai além, estabelecendo que a Sociedade do Conhecimento, na verdade, é uma Sociedade da Aprendizagem, considerando a necessidade imperativa dos tempos atuais de que os indivíduos desenvolvam a capacidade de se adaptar continuamente à mudança. Para ele, tal capacidade está alicerçada nas competências e habilidades que possibilitam a cada ser humano aprender de forma contínua, desconstruindo e reconstruindo seus saberes e visão de mundo, adaptando-se constantemente à realidade.

Evidentemente, a necessidade dos seres humanos, no contexto da Sociedade de Aprendizagem, se adaptarem constantemente às mudanças, os levará a requerer novas vias de aprendizagem crítica e reflexiva que, muitas vezes, estará fora da Escola, conforme destacam Coutinho e Lisbôa (2011).

As TICs na Educação
Indubitavelmente a Escola é pressionada a rever seus métodos e técnicas, pois, os desafios diante desta nova realidade são enormes. Conforme Coutinho e Lisbôa (2011), é necessário pensar em formas eficientes e eficazes de preparação e capacitação dos alunos para as demandas da Sociedade da Aprendizagem.

Esse processo naturalmente envolve, como alertam Coutinho e Lisbôa (2011), revisar o papel social da Escola. O que consiste em reconhecer que ela não é o espaço único e exclusivo onde se desenvolve o processo de ensino-aprendizagem, considerando que as TICs subvertem totalmente a noção espacial clássica.   Paralelamente, outro grande desafio se refere ao aspecto social do avanço das TICs, pois, conforme Pinto (2004), está-se diante de uma sociedade tão desigual que, frequentemente, a escola, notadamente a pública, consiste na única fonte de acesso de muitos indivíduos, especialmente da classe trabalhadora, às informações e aos recursos tecnológicos. Evidentemente, tais indivíduos se encontram em grande desvantagem em relação a aqueles que tem esse acesso facilitado e já estão operando num nível acima, em que já lidam com produção e disseminação de conhecimento.

Deste modo, a escola apta a formar cidadãos da sociedade da aprendizagem é uma escola capaz de oportunizar ao aluno muito mais do que apenas o conhecimento sobre como operar um computador, mas sobretudo, "a necessária capacidade de relacionar os conteúdos entre si, engendrando novas questões que impulsionam o indivíduo a conhecer criticamente mais." (ZUIN, 2010).

Educação

Segundo Pinto (2004), uma alternativa para viabilizar uma ação mais conveniente por parte da escola seria aquela que prevê um uso das tecnologias adotando como base alguns princípios: a) Confiança; b) Relevância; c) Talento; d) Desafio; e) Imersão; f) Paixão e g) Autorregularão.

Em síntese, tais princípios consistiriam, segundo o autor, em:

a) estimular os professores a trabalharem na formulação de um planejamento que lhes permita ter a confiança em sua efetividade em favor do processo de ensino-aprendizagem;

b) oferecer ao aluno uma percepção a respeito dos conteúdos desenvolvidos em sala de aula que terá significado em seu contexto de vida, podendo ser vivenciados e aplicados fora do ambiente escolar;

c) formular um processo educacional em que os talentos dos alunos sejam reconhecidos e valorizados, reforçando sua autoestima e catalisando seu processo de aprendizagem;

d) oferecer aos alunos a oportunidade de construir soluções, com base em seu conhecimento e na aplicação dos conteúdos vivenciados na escola, para problemas complexos, facilitando o desenvolvimento de suas habilidades cognitivas superiores, promovendo a ação colaborativa e tirando proveito de estratégias baseadas em tentativa e erro;

e) criar alternativas metodológicas baseadas na imersão em ambientes virtuais, em detrimento de abordagens clássicas, baseadas em conteúdos lineares e sequenciais;

f) promover iniciativas que favoreçam o despertar do sentimento de paixão do aluno. Neste sentido, a valorização dos talentos pode contribuir;

g) reconhecer e encorajar os alunos a se perceberem como corresponsáveis por seu processo de aprendizagem, pois o professor não é o único responsável.

Pinto (2004) assume que a implementação de tais princípios equivaleria a uma grande mudança do sistema educativo como se conhece hoje e seria necessária uma dose muito grande de motivação de todos os envolvidos e outra imensa dose de vontade política.

TICs e a Formação Docente

Outro ponto importante sobre a incorporação das TICs a serviço das práticas pedagógicas é aquele que aborda a temática da formação docente. Partindo do princípio formulado por Coutinho e Lisbôa (2011) que diz que a escola é, ainda, a principal encarregada de formar cidadãos, sejam eles crianças, jovens ou adultos, de uma maneira diferente e para um mundo em constante mudança. Por isto, há que se reconhecer que os processos formativos de novos docentes precisam ser repensados para que os docentes assumam o papel de estimuladores, envidando o máximo de esforços no sentido de estimular a veia empreendedora de cada um dos seus alunos, evitando podá-los.

Sob o aspecto concreto da tecnologia, há que se destacar também, segundo Alonso (2008), que não basta apenas dotar o espaço escolar dos mais avançados e sofisticados artefatos tecnológicos (computadores, lousas digitais, conexões à *Internet* etc.), pois é necessário, através de bons programas de formação docente, atuar para transformar o cotidiano escolar, atualizando e consolidando as práticas docentes de forma coerente com os novos recursos. Isto é especialmente relevante, ao mesmo tempo em que soa desafiador, porque as crianças e jovens (e mesmo uma parcela significativa dos adultos) têm sido impactados de maneiras diferentes e não completamente compreendidas, pelo uso intensivo das TICs em suas realidades.

Evidentemente, o professor precisará se conscientizar de que não tem mais o papel de depositário e transmissor do saber, mas que atuará de forma a estimular o protagonismo dos alunos, mesmo que isto signifique se chocar contra a escola que "está ainda marcada pela lógica da transmissão, fazendo colidir a lógica das TICs e a lógica escolar" (ALONSO, 2008, p. 755).

Conclusão

Sem sombra de dúvida, as TICs vêm cunhando um novo paradigma social e de mercado que desafia as estruturas vigentes, especialmente aquelas que compõem a Escola e que definem seu papel diante da necessidade de formação de cidadãos críticos e autônomos.

Assim, a Escola que aí está não detém mais o monopólio de manancial e provedora dos saberes. Ela deve fazer severa autocrítica e se reinventar segundo as novas condições sociais e de mercado, tendo em vista que, daqui para frente, não há estabilidade duradoura. Assim, sua nova configuração precisa ser apta à constante adaptação, característica essencial da sociedade do conhecimento e da aprendizagem.

Complementarmente, a Escola terá que lidar com grandes abismos sociais, se incumbindo em muitos casos de atuar para atenuar tais desigualdades, pois, é possível que seja o único espaço através do qual muitos terão contato com as TICs e seus recursos. Caso não seja capaz de desempenhar tal papel, poderá colaborar para intensificação e perpetuação de tais desigualdades.

Outro desafio para a Escola envolve desenvolver estratégias eficientes e eficazes para incorporar as TICs de forma que possa transformar a ação pedagógica e isto só será viável mediante a formulação de novos projetos de formação docente. Tais programas de formação precisarão ser pensados de forma a desenvolver competências profissionais nos docentes, visando que assimilem as TICs de forma a melhorar a performance dos processos de ensino-aprendizagem desencadeados por eles, ao mesmo tempo em que se vejam não mais como detentores do saber, mas sim, como fomentadores do protagonismo dos alunos quanto aos seu próprio processo de desenvolvimento e aprendizagem.

Sob esta nova ótica, as TICs serão encaradas como ferramentas para a apropriação de uma nova linguagem social e de mercado e deixarão de ser um fim em si mesmas, como ainda é possível observar hoje, embora, felizmente, já se comece a questionar tal emprego. Disto decorrerá um processo bastante relevante de ressignificação do processo de ensino aprendizagem, inaugurando um tempo em que a veia empreendedora dos alunos será estimulada, em detrimento do simples acúmulo de dados, informações e conhecimentos. Assim, espera-se que a escola tenha êxito em desenvolver cidadãos autoconscientes, críticos e autônomos, capazes de processar informações de forma consistente e, acima de tudo, produzir conhecimentos relevantes para a sociedade como um todo.

Referências
ALONSO, Katia Morosov. *Tecnologias da informação e comunicação e formação de professores: sobre rede e escolas.* Educação & Sociedade, v. 29, n. 104, p. 747-768, 2008.
COUTINHO, Clara Pereira; LISBÔA, Eliana Santana. *Sociedade da informação, do conhecimento e da aprendizagem: desafios para educação no século XXI.* Revista de Educação, v. 18, n. 1, p. 5-22, 2011.
HARGREAVES, Andy. *O ensino na sociedade do conhecimento: educação na era da insegurança.* Artmed, 2004.
PINHO, José Antônio Gomes de. *Investigando portais de governo eletrônico de estados no Brasil: muita tecnologia, pouca democracia.* Revista de Administração Pública (RAP), Rio de Janeiro, v.43, n. 3, p. 471-93, maio/jun. 2008.
PINTO, Aparecida Marcianinha. *As novas tecnologias e a educação.* ANPED SUL, v. 6, p. 1-7, 2004.
ZUIN, A. Antônio S. *O plano nacional de educação e as tecnologias da informação e comunicação.* Educação & Sociedade, v. 31, n. 112, p. 961-980, 2010.

Inovações e ressignificações

24

Mágicas e truques com matemática elementar

Propomos atividades que auxiliam a aprendizagem da matemática, estimulando o exercício da criticidade, da intuição e da criação de estratégias para a formulação de algoritmos, tornando a matemática mais próxima dos alunos, e também utilizamos conhecimentos algébricos triviais para impressionar pessoas em problemas que cativam, especialmente os jovens, para o universo da Rainha das Ciências

Prof. Paulo Trales

Educação

Prof. Paulo Trales

Graduação em Matemática pela Universidade Federal Fluminense, UFF. Mestrado em Matemática pela Universidade Federal Fluminense, UFF. Doutorado em Ciência da Computação pela Pontifícia Universidade Católica do Rio de Janeiro, PUC-Rio. Professor Titular do Departamento de Análise do Instituto de Matemática e Estatística da UFF. Vice-Diretor do Instituto de Matemática e Estatística da UFF, instituição na qual também ocupou outros cargos eletivos na sua Unidade Acadêmica, como Chefe de Departamento de Ensino e como Diretor do Instituto de Matemática e Estatística da UFF. Na Administração Central da Universidade, foi eleito Presidente de Conselho Superior da UFF - Conselho de Curadores, Coordenador da CPD - Coordenação de Pessoal Docente da Pró-Reitoria de Gestão de Pessoas, Substituto Eventual do Pró-Reitor de Gestão de Pessoas, Presidente da CPPD - Comissão Permanente de Pessoal Docente, e também Pró-Reitor de Gestão de Pessoas da Universidade Federal Fluminense – UFF.

Contato
trales2015@gmail.com

Inovações e ressignificações

Atividade 1: Pares e ímpares

Para auxiliar e ensinar números pares e ímpares a crianças, podemos utilizar uma atividade simples. De um baralho de 48 cartas, o proponente retira quatro ases e todas as cartas que tenham figuras e, a seguir, separa as restantes em dois montes. O truque consiste em solicitar a alguém que mude uma carta qualquer de um monte para outro, fazendo com que o proponente descubra, ao manuseá-las, qual a carta que foi mudada. Ao fazer um monte com cartas pares e outro com ímpares sem que ninguém observe esse fato, se constata qual carta foi mudada de um monte para outro!

Atividade 2: Um número inteiro que não é primo nem composto.

Peça a alguém que escolha qualquer número inteiro positivo. Ao executar os passos do algoritmo abaixo obtém-se o número 1.

1. Peça um número inteiro positivo;   por exemplo: 19
2. Peça para somar 3 unidades a [1];   22
3. Diga para multiplicar [2] por 2;   44
4. Peça para subtrair 4 unidades de [3];   40
5. Diga para dividir o resultado de [5] por 2;   20
6. Peça para subtrair[1] de [5]   20–19=**1**

Justificativa matemática:
Com o uso da boa e velha álgebra, chamando de x o número pensado, os passos do algoritmo são:
$$x;\ x+3;\ 2x+6;\ 2x+2;\ x+1;\ x+1-x=1.$$

Atividade 3: O famoso número 13.

Peça que escolham um número inteiro positivo qualquer. Esse algoritmo o fornece o número 13.

Educação

1. Peça um número inteiro positivo;   Por exemplo: 39
2. Peça para somar 11 unidades a[1];   50
3. Diga para multiplicar [2] por 6;   300
4. Peça para subtrair 3 de [3];   297
5. Diga para dividir [4] por 3;   99
6. Peça para subtrair de [5] um número 6 unidades menor do que [1];
99 – 33 = 66
7. Peça para subtrair de [6] um número 1 unidade maior do que [1];
66- 40 =26
8. Peça para o colega dividir [7] por 2.   **13**

Justificativa matemática:
Chamando de y o número dado em [1], passemos ao algoritmo:
y; y+11; 6.(y+11); 6.y+ 63; 2.y + 21; 2.y+21–(y-6)= y+27; y+27–(y+1)= 26; 26:2= 13.

Atividade 4: Adivinhando a quantidade de palitos em uma caixa de fósforos pequena.

Peça que alguém conte os palitos de uma caixa de fósforos pequena (nova ou usada) sem dizer a você o total. A caixa tem que ter mais que 9 e menos que 50 palitos. Peça à pessoa que retire da caixa a quantidade de palitos que seja igual a soma dos dois algarismos do número de palitos contados, sem dizer nada a você e sem recolocar na caixa esses palitos retirados. Peça que entreguem a caixa a você, balance-a junto ao seu ouvido, e de forma triunfante diga quantos palitos ficaram na caixa!

Justificativa matemática:
O número de palitos pode ser descrito, genericamente, como xy =10.x+y, considerando-se x, o algarismo das dezenas (entre 1 e 4) e y, o algarismo das unidades (entre 0 e 9).
Por álgebra, após ser feito o procedimento sugerido, o número restante de palitos na caixa é dado pela expressão 10.x+y-(x+y)= 9.x, ou seja, é um número divisível por 9, daí, o número de palitos que restam na caixa só pode ser 9, 18, 27 ou 36. Ao balançá-la próximo ao seu ouvido, escutando o som dos palitos e "sentindo" o peso da caixa, você deve escolher uma dessas 4 possibilidades numéricas.

Inovações e ressignificações

Atividade 5: Soma surpreendente de cinco parcelas, com números de quatro algarismos.

Esta atividade propicia uma interessante reflexão sobre propriedades das operações básicas.

1. Peça a alguém que forneça um número de quatro algarismos, que não comece por zero.
2. Escreva, a seguir, outro número -este, com **cinco** algarismos - e o entregue à pessoa, pedindo que guarde-o.
3. Solicite ao voluntário, ou mesmo a outra pessoa, um segundo número de quatro algarismos.
4. Escreva continuando com a adição acima, um terceiro número de quatro algarismos;
5. Peça ao a qualquer pessoa um quarto número, de quatro algarismos.
6. Escreva na adição, um quinto e último número de quatro algarismos.
7. Peça que o voluntário faça a soma dos cinco números escritos.
8. Peça a ele que abra o papel que você entregou, em [2] e lá estará o valor da soma!

Exemplo numérico: Digamos que, em [1], foi dado o número de quatro algarismos 3418. Em [2], você escreve em um papel o número de **cinco** algarismos **23416** (com **2** no início, seguido do número fornecido em [1], menos 2 unidades) e o entrega para que o voluntário guarde-o. Em [3], digamos que alguém tenha dado 3577, como segunda parcela da soma. Em [4], você escreve a terceira parcela da soma, que, nesse caso, **só pode ser** 6422. Em [5], digamos que alguém tenha dado 5082 como quarta parcela da soma. Em [6], você escreve a quinta parcela da soma, que, nesse caso, só pode ser 4917. A soma dará como resultado o número de **cinco** parcelas **23416**, que você havia entregado ao voluntário!

Obs. Os números fornecidos em [3] e [5] devem ser completados, em [4] e [6], com números, em que os algarismos que **você** escreve, ao serem somados com os algarismos dos voluntários, sempre deem 9.

Obs. Esse truque mostra que somar 19998 é a mesma coisa que somar 20000 e subtrair 2.

Educação

Atividade 6: Um número frequente.

Solicite que uma pessoa escreva um número de três algarismos distintos, que não termine em zero. Peça a seguir, outro número, com os algarismos do número escrito, em ordem inversa. Peça agora que ela subtraia o maior daqueles números pelo menor. Feito isso, ela deve então agora adicionar a esse último valor encontrado, um novo número, que corresponda aos algarismos dessa diferença, novamente colocados em ordem inversa. Você pode adivinhar o número resultante dessa sequência de operações, que sempre será 1089!

Exemplo numérico:
Número pensado: 723; em ordem inversa: 327; diferença: 396; em ordem inversa: 693; soma: 1089.

Justificativa matemática:
Considere um número de três algarismos quaisquer a, b e c com $c \neq 0$. Esse número pode ser escrito de forma genérica como $100a+10b+c$, o outro número, em ordem inversa, será $100c + 10b + a$. A diferença entre o primeiro e o segundo é, portanto, $99a-99c$.
Fazendo algumas transformações algébricas, chegamos a $99a - 99c = 100(a-c) - (a-c) = 100(a-c) - 100 + 100 - 10 + 10 - a + c = 100(a-c-1) + 90 + (10-a+c)$.
Daí, temos então que a diferença é formada pelos três seguintes algarismos:
Algarismos das centenas: $a - c - 1$
Algarismos das dezenas: 90
Algarismos das unidades: $10 + c - a$
Somando agora $100(a - c - 1) + 90 + (10 - a + c)$, com os algarismos colocados em ordem inversa, ou seja, com $100(10 + c - a) + 90 + (a - c - 1)$ chegamos à expressão
$100(a - c - 1) + 90 + (10 - a + c) + 100(10 + c - a) + 90 + (a - c - 1) =$
Finalmente, reduzindo os termos semelhantes da expressão acima, obtemos $100.9 + 180 + 9 = 1089$, quaisquer sejam os algarismos a, b e c que tenham sido inicialmente dados.

Atividade 7: Adivinhando o algarismo escondido.

Peça que alguém pense em um número inteiro qualquer, por exemplo, em 748. Proponha que a pessoa determine a soma dos algarismos (nesse caso 7 + 4 + 8 = 19) e, que subtraia essa soma, do

Inovações e ressignificações

número pensado. Aqui, se obtém 748 – 19 = 729. Peça que a pessoa "esconda" um algarismo qualquer do desse resultado, lhe comunicando apenas os outros dois algarismos. Você encontrará o algarismo escondido, mesmo que você não saiba o número que foi pensado, nem tenha visto o que foi feito com ele.

Exemplo numérico: Procura-se um algarismo que adicionado aos que lhe informa o voluntário, forme o menor número possível – maior do que a soma – que seja divisível por 9. Suponha que no número 729, foi "escondido" o algarismo 7, e foram comunicados a você os algarismos 2 e 9, que adicionados fornecem 11. Nesse instante, você calcula o primeiro número maior que 11, que seja divisível por 9; nesse caso é 18, portanto faltam 7, logo 7 foi o algarismo que havia sido escondido e que você "adivinhou".

Justificativa matemática:
Vamos apresentar uma justificativa para um número de três algarismos, embora se estenda esse raciocínio para os números com mais algarismos. Se subtrairmos de qualquer número, a soma dos seus algarismos obtém-se um número divisível por 9, ou seja, um número tal que a soma dos seus algarismos é divisível por 9. De fato, representando-se o algarismo das centenas do número que se pensou, por a, o algarismo das dezenas por b, e por c o algarismo das unidades e, subtraindo a soma desses algarismos obtemos $100a + 10b + c - (a + b + c) = 99a + 9b = 9.(11a + b)$ que é um número divisível por 9.

Obs. Pode ocorrer que quando informem a soma dos algarismos, esta seja divisível por 9 (por exemplo, 4 e 5). Nesse caso, só há uma saída, responda que o algarismo suprimido foi um zero ou um nove!

Atividade 8: Encontrando a idade de um colega e o valor da soma das moedas no bolso dele.

Peça a um colega para contar as moedas que tem no bolso, cujo total seja menor do que um real, sem que você veja. Você é capaz de adivinhar quanto ele possui em centavos no bolso, e inclusive, adivinhar a idade dele, com uma pequena quantidade de cálculos, após ele mostrar a você a resposta que encontrou com o algoritmo a seguir.

Educação

Exemplo Numérico: Vamos supor que ele tenha 19 anos de idade e 45 centavos no bolso.

1. Peça para ele multiplicar idade dele por 4;   (19 x 4 = 76)
2. Peça para somar 10 a [1];   (76 + 10 = 86)
3. Peça para multiplicar [2] por 25;   (86 x 25 = 2150)
4. Peça para subtrair 365 de [3];   (2150 - 365 = 1785)
5. Peça para somar a [4] o valor das moedas, multiplicado por 100;
                                                     (1785 + 45 = 1830)
6. Peça para somar 115 a [5].   (1830 + 115 = **1945**)

A idade é dada pelos 2 primeiros algarismos (19) e os 2 últimos, o que ele tem no bolso (45) centavos.

Obs. Aqui, e na atividade seguinte, estamos explicitando o método para pessoas com menos de 100 anos. Para pessoas com mais de 100 anos temos que adaptar as suposições.

Justificativa matemática:
Idade do colega: $10.a + b$
Montante das moedas do colega (multiplicado por100): $10.c + d$

Por [1], multiplicando a idade do colega por 4, encontramos $40.a + 4.b$. Em [2], ao somar 10, ficamos com $40.a + 4.b + 10$. Em [3], multiplicando [2] por 25, chegamos a $1000.a + 100.b + 250$. Em [4], diminuindo 365 de [3], encontramos $1000.a + 100.b - 115$. Em [5], somando o montante de moedas (multiplicado por 100) encontramos $1000.a + 100.b - 115 + 10.c + d$. Em [6], adicionando 115 a [5], chegamos a $1000.a + 100.b + 10.c + d$, ou seja, ao número (abcd) que dá as informações desejadas.

Atividade 9: Adivinhando quantas vezes um amigo quer comer massas, por semana, e também a idade dele.

Exemplo Numérico: Vamos supor que seu amigo tenha vontade de comer massas 3 vezes por semana, tenha 38 anos de idade (nasceu em julho de 1979),e utilizou o algoritmo em novembro de 2017.

Inovações e ressignificações

1. Peça ele pensar no número de vezes que quer comer massas por semana; Por exemplo: 3
2. Peça para multiplicar [1] por 2; 6
3. Peça para somar 5 a[2]; 11
4. Peça para multiplicar [3] por 50; 550
5. Se ele já fez aniversário este ano, peça para somar 1767 a [4], se ainda não fez, somar 1768; 2318
6. Peça para subtrair, de [5], o número do ano em que ele nasceu (com 4 dígitos); 2318 − 1979
7. Deve ter sido encontrado um número com três dígitos. **339**

Observe a resposta: o número de vezes que o amigo pensa em comer massas, por semana, aparece no dígito das centenas (3) vezes; e os 2 últimos números representam a idade dele (39) anos.

Justificativa matemática:

Seja x o número de vezes que seu amigo pensa em comer massas por semana. Em[2], chegamos a 2.x, e em [3], a 2.x + 5. Em [4] encontramos (2.x + 5).50 = 100.x + 250. Ao somar 1768 a [4] em [5], encontramos 100.x + 250 + 1768 = 100 x + 2017. Em [6], ao retirar de 2017 o ano em que seu amigo nasceu, com 4 dígitos, obtemos os dados que interessam.

Obs. Ser válido somente para 2017 se deve às constantes utilizadas (1767ou 1768), que devem ser alteradas. Em 2018, deve-se usar(1768 ou1769);em 2019(1769 ou 1770)e assim por diante.

Atividade 10: Encontrando o número do Código de Endereço Postal - CEP da rua onde reside o participante da atividade.

Peça a alguém que pense no CEP da rua onde resida. No Rio de Janeiro, esse número tem 8 dígitos.

1. Peça para selecionar os quatro primeiros algarismos desse CEP;
2. Peça para multiplicar [1] por 80;
3. Peça para somar 1 a [2];
4. Peça para multiplicar [3] por 250;
5. Peça para somar a [4], o dobro do número formado pelos quatro últimos algarismos do número do CEP da rua onde resida;

Educação

6. Peça para subtrair 250 de [5];
7. Peça para dividir [6] por2;

Justificativa matemática:

Um CEP genérico (C = abcdefgh) pode ser dividido em (C1 = abcd e C2 = efgh) de quatro algarismos cada. Em [1] tomamos C1, e em [2] chegamosa 80.C1 ; em [3] obtemos 80.C1 + 1; em [4] chegamos à expressão 250.(80.C1 + 1) = 20000.C1 + 250; em [5] obtemos (20000.C1 + 250) + 2. C2; em [6] obtemos [(20000.C1 + 250) + 2. C2] – 250 e,em [7],ao dividir[6] por 2,obtemos 10000.C1 + C2, que é o CEP do participante.

Inovações e ressignificações

25

Formação docente para a educação profissional: por que e como fazer?

A Educação Profissional, basicamente é feita por profissionais de várias áreas técnicas e tecnológicas, mas sem formação pedagógica. Esse texto apresenta uma ação reflexiva sobre por que e como promover uma formação docente inovadora e significativa, desde que os problemas de infraestrutura estejam minimizados e haja uma gestão comprometida com as mudanças educacionais que se fazem necessárias

Sara Rozinda Martins Moura Sá dos Passos

Educação

Sara Rozinda Martins Moura
Sá dos Passos

Doutora e Mestre em Educação natural do Rio de Janeiro, licenciada em Pedagogia e Letras (Português-Literatura), professora efetiva aposentada do Município e do Estado do Rio de Janeiro. Diretora e Coordenadora Pedagógica em instituições públicas e particulares, envolvendo desde a Educação Infantil ao Ensino Superior. Projetou e implantou cursos técnicos na rede pública e particular. Membro do Conselho Editorial das revistas – Meta: Avaliação, publicada pelo Programa de Mestrado Profissional em Avaliação, da Faculdade Cesgranrio, e Ensaio: Avaliação e Políticas Públicas em Educação, da Fundação Cesgranrio/RJ. Consultora Técnica do Colégio Renovação, em Vitória/ES. Tem artigos acadêmicos publicados em anais da Reunião Nacional da ANPEd, Simpósios nacionais e internacionais da ANPAE e nos Encontros do ENDIPE.

Contatos
sararozinda@hotmail.com
(21) 999199035

Inovações e ressignificações

> Não há ensino sem pesquisa e pesquisa sem ensino. Esses quefazeres se encontram um no corpo do outro. Enquanto ensino, continuo buscando e reprocurando. Ensino porque busco, porque indaguei, porque indago e me indago. Pesquiso para constatar; constatando intervenho; intervindo educo e me educo. Pesquiso para conhecer o que ainda não conheço e comunico e anuncio a novidade (FREIRE, 2004, p. 29).

Embora as sociedades contemporâneas reconheçam a importância dos professores para a oferta de uma educação de qualidade, por que a formação docente oferecida permanece distante do que é necessário, adequado e indispensável?

Porque falta vontade política em resolver o problema, evidenciando que nenhuma reforma educacional foi eficiente o bastante para solucionar os desafios da formação docente, e revelando, cada vez mais, a dicotomia entre a educação propedêutica e a educação para o trabalho. Faltam gestores comprometidos com uma gestão inovadora e diferenciada e falta o desenvolvimento de uma formação continuada, que seja significativa para os professores.

Assim, na tentativa de oferecer uma contribuição pertinente ao campo da Educação, visando a inovação e ressignificação, este texto busca provocar uma ação reflexiva. Tais como por que e como oferecer uma formação pedagógica aos docentes que estão atuando na Educação Profissional (a partir de agora grafada EP). Além de buscar responder aos desafios da formação docente para tal modalidade de ensino.

Inicialmente, é relevante perceber que a EP é elemento estratégico para o desenvolvimento atual do País, para o exercício da cidadania e para a inserção de jovens e adultos no mundo do trabalho, e mesmo assim é uma modalidade de ensino completamente ignorada pelas agências formadoras. Não existe interesse em preparar de maneira crítica aqueles que vão formar os técnicos e os trabalhadores. Todavia, quem trabalha na periferia e com comunidades carentes sabe que a

Educação

EP é a saída para milhares de jovens e adultos da zona de pobreza.

Diante desse cenário, é importante também destacar outros pontos no que tange a EP. Primeiro: faltam professores devidamente qualificados e efetivados, bem como faltam estudos e pesquisas acadêmico-científicas na área. Mesmo assim, escolas e cursos técnicos foram abertos e matrículas foram efetuadas[1], por todo Brasil. E como existe a lacuna da falta de professores devidamente qualificados, os gestores contornam o problema através da contratação de instrutores, tutores e monitores. É como se, na falta de médico, fosse contratado um enfermeiro para fazer uma cirurgia.

Segundo: não existe a formação para capacitar o profissional que vai estar à frente desses alunos. Não existem licenciaturas específicas, nem currículos e as políticas públicas para essa modalidade de ensino são irrisórias. A maioria dos profissionais que atua na EP traz na sua bagagem de formação apenas a experiência profissional vivenciada. São profissionais, alguns com Mestrado e Doutorado, que caíram de paraquedas no magistério, apresentando muitas dificuldades para ministrar suas aulas porque não foram preparados para ser professores.

A EP não pode ficar reduzida a disciplinas específicas, mesmo reconhecendo que esse conhecimento é fundamental para o desenvolvimento de um curso técnico ou tecnológico. Além de saber-fazer as habilidades necessárias ao desenvolvimento de uma profissão, o professor precisa saber ser professor. Nesse sentido, o profissional-professor da EP precisa saber desenvolver uma dimensão crítica da atividade técnico-científica, mobilizando o aluno para investigar o quanto a tecnologia interfere na normatividade social, econômica e política, o quanto essa tecnologia se reflete nas crises da ideologia dominante e nas situações de conflito da sociedade. E mais, precisa ter experiência no mercado, o que significa: saber ser no universo empresarial. É preciso saber ensinar como enfrentar as demandas relacionadas às mudanças organizacionais do mundo do trabalho, os efeitos das inovações tecnológicas, o aumento das exigências da qualidade de produção, inclusive o atendimento à justiça social, às questões éticas profissionais e de sustentabilidade ambiental. Isso é muito mais que um simples transmissor de conhecimentos técnicos ou tecnológicos.

Além de tudo isso, o profissional-professor da EP precisa saber direcionar sua ação docente. Ou seja, compreensão plena das questões envolvidas no trabalho educativo; capacidade de identificá-las e

Inovações e ressignificações

resolvê-las, responsabilizando-se pelas decisões tomadas. Significa, portanto, capacidade e atitudes críticas que permitam ao profissional-professor da EP avaliar seu trabalho, suas opções, suas decisões. A verdade é que para saber ensinar, levando o aluno a aprender, há que se ter formação pedagógica. É isso o que habilita um profissional a desempenhar com competência as atividades docentes.

Mesmo os professores qualificados para as disciplinas básicas (Língua Portuguesa, Matemática, Física, Química, Inglês, etc.) necessitam entender que se trata de um ensino aplicado. Por exemplo, não interessa ao aluno de um curso técnico em Meio Ambiente saber o que é uma oração subordinada substantiva reduzida de gerúndio, mas sim saber-fazer um excelente relatório ambiental.

Pela experiência vivida na coordenação pedagógica em escolas públicas e particulares, sei que a formação docente pode (e deve) ser construída e realizada a partir das carências e deficiências da sala de aula, se possível em serviço ou mediante programas de educação a distância (a partir de agora grafado EaD). Ela precisa ter significado para o professor.

Não se trata de uma formação em que os professores acabam repetindo as aulas conteudistas do Ensino Médio, mas uma formação que faça a mediação entre o mundo do trabalho que temos e o que queremos, ressignificando conceitos e gerando mudanças nas atitudes. Ressignificar é dar um novo significado. Ou seja, os saberes da docência para a EP deverão estar direcionados para atender às demandas do mundo do trabalho, e oportunizar a construção de comportamentos éticos, o desenvolvimento da curiosidade, da autonomia e o empreendedorismo do aluno. O aluno da EP precisa aprender o saber pensar e o saber ser uma pessoa cidadã. Não é só e apenas repetir o saber fazer do mestre da oficina escola. Infelizmente, os professores que estão atuando na EP, em geral, não possuem os saberes necessários para o desenvolvimento de uma prática pedagógica eficiente, quiçá reflexiva (SHÖN, 2000).

A maioria dos professores que trabalham em cursos técnicos ainda não romperam com as práticas conservadoras, acríticas, descontextualizadas, ingênuas e simplistas. E mais! Está despreparada para o desenvolvimento de aulas em oficinas de aprendizagem – aulas em laboratórios específicos, aulas operatórias, com a utilização de *workshops*[2]. Aulas interativas com desenvolvimento de projetos integrados. Esses professores sentem muita dificuldade em trabalhar a interdisciplinaridade e de promover a integração entre teoria e prática por meio da metodologia de projetos e da resolução de problemas. E principalmente, eles não se percebem como o orientador de processos de aprendizagem, isto é, o professor não se percebe como aquele que articula e mobiliza conhecimentos, valores, comportamentos, habilidades, ferramentas e atitudes para a resolução de situações-problema encontradas no mundo do trabalho.

A formação de professores específica para a EP deve relativizar os conceitos construídos, valorizar experiências, sistematizar saberes e resgatar valores e práticas a serem trabalhadas na sala de aula. Não se trata de reciclagem, ou de cursos esporádicos ou aligeirados, que não oportunizam a reflexão da prática docente que acontece na sala de aula.

Uma vez que as agências formadoras não conseguem resolver o problema da formação docente para a Educação Básica, entendo que em curto prazo este problema possa ser resolvido dentro das próprias escolas, mediante um programa de formação continuada para docentes da EP, na modalidade EaD. Um programa que conste do Projeto Pedagógico da unidade de ensino, que seja planejado, executado e avaliado constantemente, desde que exista o direcionamento de uma gestão comprometida com a inovação; uma coordenação pedagógica e educacional qualificada e competente, e um corpo docente interessado na mudança de atitude. Além de salários condignos e reais condições de trabalho.

Minimizados os problemas de infraestrutura da administração escolar e havendo comprometimento por parte da gestão, é possível oportunizar a formação docente para a EP mediante cursos que estejam fundamentados em uma proposta bem definida de Educação, com objetivos claramente definidos e uma prática vivenciada em laboratórios e voltada para as reais necessidades do professor-profissional, em serviço e na modalidade EaD. Ou seja, é o Projeto Pedagógico que vai embasar as ações necessárias à formação docente para a comunidade que pertence e ao mercado de trabalho que se destina.

Um programa para abordar temas que emergem da fala docente, dificuldades e dúvidas sobre avaliação educacional, metodologias de ensino-aprendizagem, indisciplina, violência escolar, orientação para fundamentar projetos e atividades do cotidiano escolar, atualização teórico-prática para o exercício da docência na EP – enfim, conhecimentos que possam fundamentar as ações e decisões docentes dentro da sala de aula, no relacionamento com os alunos, com os pares, com outras instituições de ensino, com o mundo do trabalho e com a sociedade em geral.

Diante do exposto sobre as fragilidades da formação de professores para a EP, acredita-se na viabilidade de um programa de ação, que pode ser realizado dentro das escolas e na modalidade de EaD, desde que haja um direcionamento empenhado e competente. Afinal, qualquer que seja o projeto educacional, é o diretor quem fará a diferença, na criação de tempos e espaços para a reflexão da prática docente; sempre levando em consideração os diálogos que precisam ser estabelecidos e uma concepção de formação docente comprometida com a produção de saberes e a transformação profissional.

Finalizando, reafirmo que a EP é uma modalidade de ensino que se reveste cada vez mais de importância como elemento estratégico para o desenvolvimento do País, e não pode ficar relegada a um ensino de segunda categoria, aguardando uma reforma que só faz remendos.

Urgem mudanças. Contudo, na Educação tudo permanece como dantes... O professor ensina como ele aprendeu, são poucas as transformações e inovações no saber-fazer do professor, e as reformas educacionais não estão sendo capazes de produzir as transformações necessárias e urgentes. Que tenham os gestores educacionais como elementos da mudança.

É imprescindível a criação de formas de acolhida para os docentes da EP, promovendo dentro de instituições escolares os espaços necessários à formação docente para essa modalidade de ensino. Uma formação significativa, que seja oferecida a partir dos problemas detectados, objetivando suprimir as carências da prática docente, realizada em serviço, na modalidade de EaD, através de oficinas de aprendizagem, de estudos de casos que possam refletir sobre as práticas realizadas na sala de aula, sempre inter-relacionando teoria, técnica e prática.

Referências
BRASIL. Ministério da Educação. *Censo Escolar da Educação Básica 2016. Notas Estatísticas*. Brasília, DF, fevereiro de 2017, p. 10. Disponível em: <http://download.inep.gov.br/educacao_basica/censo_escolar/notas_estatisticas/2017/notas_estatisticas_censo_escolar_da_educacao_basica_2016.pdf> Acesso em 05 de agosto de 2017.
FREIRE, Paulo. *Pedagogia da autonomia: saberes necessários à prática docente*. 30. ed. São Paulo: Paz e Terra, 2004.
SHÖN, Donald. *Educando o profissional reflexivo: um novo design para o ensino e aprendizagem*. Porto Alegre: ArtMed, 2000.

Inovações e ressignificações

26

Desafios da educação no mundo real, digital e sem manual

Como conseguir a atenção dos educandos numa sociedade cada vez mais conectada?
Será possível (re)conquistar a confiança dos discentes com a adoção de uma postura baseada na transmissão de valores essenciais?
Qual a importância do estímulo adequado para a construção individual do conhecimento?

Sergio Bialski

Educação

Sergio Bialski

Graduado em Comunicação pela USP e Mestre em Ciências da Comunicação pela USP. Eclética formação acadêmica, com 3 pós-graduações: Gestão em Processos de Comunicação pela USP; Jornalismo Institucional pela PUC-SP; e Comunicação Empresarial & Relações Públicas pela Cásper Líbero. Cerca de 25 anos de experiência no mundo corporativo, sendo 15 deles como Gestor de Comunicação em empresas multinacionais como Dun & Bradstreet, Wyeth, Rhodia, Aventis e Sanofi. Professor, há cerca de 10 anos, em universidades como Anhembi Morumbi e ESPM, nos cursos de Publicidade, Relações Públicas e Jornalismo. Palestrante na área de Criatividade & Inovação, Excelência em Atendimento, Branding e Comunicação para o sucesso. Ganhador de 10 Prêmios de Reconhecimento, nas universidades em que leciona, como resultado das avaliações feitas pelos próprios alunos de graduação, com a adoção de metodologias inovadoras de ensino em sala de aula. Em novembro de 2018, ganhou o Prêmio "Professor Imprensa", promovido pelo Portal Imprensa, tendo sido eleito, em votação pública, o mais inspirador professor de Comunicação da Região Sudeste do País.

Contatos
www.sergiobialski.com.br
sergio.bialski@outlook.com
(11) 99389-4558

Inovações e ressignificações

Há uma década leciono em universidades e percebo que uma série de questões básicas, ainda não resolvidas, movimentam os debates entre educadores, o que demanda reflexão, discussão e, acima de tudo, ação em busca de soluções para os atuais impasses.

Em pleno século XXI, se há uma coisa que não se pode mais admitir é um ensino baseado somente na transmissão da informação, já que isso, nem de longe, atende aos anseios das novas gerações, que cobram novas formas para potencializar competências e desenvolver habilidades.

Não é à toa que, hoje em dia, tanto se fala das chamadas "metodologias ativas", ou seja, de um conjunto de processos que colocam os alunos como protagonistas de sua própria aprendizagem, de modo que o educador assuma essencialmente o papel de orientador. A necessidade de inovar, portanto, deve ser compromisso diário de quem leciona e é o que tem me motivado a transformar a tradicional sala de aula num laboratório de testes que impliquem na adoção de práticas que atendam as expectativas dos jovens, cada vez mais conectados e exigentes.

Uma das perguntas que me faço, sempre antes de entrar na sala de aula, é a seguinte: de que modo é possível, durante 3 horas, manter o nível de atenção de um aluno hiperestimulado por mensagens de *WhatsApp*, vídeos do *YouTube* e *likes* intermináveis do *Facebook*, fazendo-o perceber que determinado conhecimento será relevante para a sua vida?

Não se trata, sem dúvida, de uma pergunta fácil de responder, mas aprendi, pela minha vivência acadêmica, que o primeiro passo consiste na capacidade de se colocar no lugar do outro, compreendendo-o e respeitando-o, livre de preconceitos. É o que se chama de empatia. E, para que exista empatia, é preciso transmitir o conhecimento usando exemplos, linguagem e atividades que se encaixem na realidade dos educandos, aproximando o que está sendo ensinado do que se deseja aprender, ou, como costumo dizer, é dar sabor ao saber (por isso a palavra saber vem do latim *sapore*, que significa sabor). Aula com metodologia inovadora exige, portanto, docente com atitude inovadora e, acima de tudo, motivado para isso.

Sergio Bialski

Educação

Certa vez escutei, de um amigo psicólogo, que "motivação é uma porta que só se abre pelo lado de dentro". Acredito fortemente no que ele me disse, pois uma aula pode inspirar ou pirar. Professor desmotivado cria um ambiente que pira, pois por não ser atraente, ninguém gosta de estar nele. Quem gosta de ir a um show, a uma loja ou a um restaurante e não se sentir estimulado? Por isso que eu digo: professor desmotivado é o primeiro sinal de falência da educação.

Lembro-me nesse momento de Rubem Alves, psicanalista, escritor, teólogo, notório educador e profundo conhecedor da alma humana, que escreveu um texto intitulado "Sobre Jequitibás e Eucaliptos", em que compara professores e educadores.

Para ele, ser professor é profissão, e isso há aos milhares, tal como eucaliptos plantados de forma enfileirada, em posição de sentido, preparados para o corte e para o lucro num espaço de floresta que se submete à lógica das cifras e dos negócios; ser educador, contudo, é vocação que nasce de um grande amor e de uma grande esperança, tal qual o jequitibá, uma árvore secular diferenciada, cujo mistério, sombras não penetradas e personalidade são insubstituíveis.

Levando a analogia para o universo da educação, inová-la e ressignificá-la devem lembrar um jequitibá, que, diferente de tudo, guarda consigo uma aura. Essa aura, aplicada a fins pedagógicos, deve ser capaz de melhorar os valores do mundo, principalmente neste momento que vivemos, em que o ensino é criticado, contestado e se acha no fogo cruzado entre conservadores e reformistas. Tal como diz o sociólogo Zygmunt Bauman, vivemos em uma época de valores líquidos, instáveis, em que verdades e regras de convívio são questionados o tempo todo de acordo com as conveniências do momento. Questiona-se a autoridade dos pais, a autoridade das autoridades (justiça, polícia, etc.) e, claro, a autoridade dos próprios educadores.

Diante dessa insólita realidade, desenvolvi, em sala de aula, minha própria fórmula para (re)conquistar a confiança de educandos, baseada na transmissão de alguns valores essenciais. Posso dizer, com a necessária humildade, que ela foi a responsável por 10 Prêmios e menções honrosas que ganhei, nos 10 anos que leciono em universidades.

- **Respeito:** significa, desde o primeiro momento em que tenho contato com uma nova turma de educandos, não agir por imposição, evitar desentendimentos, promover a tolerância e os traços que nos unem, apesar das diferenças, e gerar um clima de absoluta harmonia.

Inovações e ressignificações

- **Entusiasmo:** basta lembrar a origem da palavra, que vem do grego *enthousiasmos*, que significa "ter um deus interior" ou "estar possuído por Deus". Costumo dizer e também mostrar, em sala de aula, que sempre entro com o sopro divino, como se aquela fosse a última aula a ser dada em minha vida. Tenho convicção de que essa postura é contagiante e é o que desperta e mantém a atenção em sala de aula.

- **Paixão:** é proteger, cuidar, ter afeição, ser solidário, importar-se com o outro. Uma demonstração inequívoca desse sentimento pode fazer milagres para gerar mudança de atitudes em sala de aula. Sempre que falo desse valor me lembro do educador e médico Janusz Korczak, que literalmente deu sua vida, movido pela paixão em prol das crianças de seu orfanato.

- **Simplicidade:** tornar as práticas pedagógicas objetivas, descomplicadas, evitando desperdício de tempo. Isso passa credibilidade e conquista a confiança.

- **Humildade:** seja para reconhecer melhorias nas práticas de ensino ou para saber ouvir opiniões. Lembrando novamente do mestre Rubem Alves, diz ele que sempre vemos cursos de oratória sendo anunciados, mas nunca cursos de 'escutatória', já que todo mundo quer falar, mas ninguém quer ouvir.

- **Atualização:** é impossível ser um bom educador se não houver preocupação com a educação continuada, por meio da participação em cursos, palestras, seminários, treinamentos, debates, etc.

- **Cooperação:** estimular o trabalho em equipe nos torna mais fortes e capazes de atingir metas em comum. Portanto, estimular a construção de alianças é fundamental, já que saber trabalhar em equipe é uma regra de ouro para que se atinja o sucesso pessoal e profissional.

- **Liderança:** ser exemplo e inspirar para a vida é missão de todo educador. Muitos sabem o que fazem e como fazem suas atividades rotineiras, mas poucos sabem o porquê. Líderes têm um propósito claro e vivem por esse ideal. Palavras são importantes, mas gestos são determinantes. É o que os americanos chamam de *walk the talk*, ou seja, fazer o que se fala.

Além da transmissão e prática de valores, parto do pressuposto de que não há aprendizagem sem o devido estímulo, ou seja, só aprendemos e guardamos aquilo que estimulou devidamente o nosso cérebro e que para ele teve um significado relevante. Basta perguntarmos, a nós mesmos, o que lembramos de nossas aulas do ensino médio ou

Educação

até mesmo o que lembramos de nossas aulas da graduação, após algumas décadas sem ter contato com o que foi ensinado.

É nesse momento que recordo da teoria construtivista e de suas raízes, com Jean Piaget, ensinando-nos que o conhecimento é fruto de uma construção individual que precisa ter significado e que, nesse processo, cada um assume o papel de agente de sua própria aprendizagem.

Nada é mais forte e perene do que um aluno que se automobiliza quando percebe que algo tem significado para a sua vida, pois esse estado de consciência o deixa mais atento e ávido por novos conhecimentos, despertando seu interesse e motivando sua força criativa interior.

Para que isso seja alcançado, considero imperioso, numa aula, que o educador sempre leve em conta os trabalhos desenvolvidos por Howard Gardner, psicólogo norte-americano e também professor da Universidade de Harvard, conhecido especialmente pela sua teoria das inteligências múltiplas.

Levando-se em conta que há inteligências desenvolvidas em maior ou menor grau, em cada ser humano, há que se planejar um ensino versátil, que estimule todas elas, pois privilegiar algumas, em detrimento de outras, implicará num grau maior de desatenção e desinteresse. Portanto, a conclusão é que não é admissível tratar educandos da mesma maneira, razão pela qual, quando planejo aulas e palestras, olho para a descrição a seguir, que resume as descobertas de Gardner, e penso o que posso fazer para estimular as várias inteligências para atingir diferentes educandos:

-**inteligência linguística ou verbal:** não só se refere à capacidade de comunicação oral, mas a outras formas de comunicação, como a escrita, gestual, etc. É essencial para o êxito de advogados, políticos, profissionais da área de comunicação (jornalistas, publicitários, relações públicas, radialistas, etc), escritores, linguistas, poetas e outros tantos.

-**inteligência lógico-matemática:** sempre muito valorizada no mundo cartesiano em que vivemos, é visível naqueles que têm prazer em resolver problemas, equações e têm facilidade em lidar com raciocínios lógico-matemáticos e fazer deduções. Manifesta-se com intensidade em cientistas, matemáticos, engenheiros, físicos, economistas, etc.

-**inteligência espacial:** muito presente naqueles que reconhecem e manipulam situações que envolvem apreensões visuais, percepções apuradas de formas e objetos projetados no espaço e movimentos de um corpo em diferentes configurações. Essa capacidade de observar o

Inovações e ressignificações

mundo e os objetos em diferentes perspectivas e criar imagens mentais está presente em profissionais como arquitetos, geógrafos, marinheiros, fotógrafos, designers e pintores, dentre outros.

- **inteligência musical:** manifesta-se naqueles que têm aptidão para identificar sons diferentes, tocar instrumentos, ler e compor peças musicais. Embora a música seja uma arte universal, presente em todas as culturas, Mozart, Beethoven, Villa Lobos, etc. são exemplos notórios de onde pode chegar esta inteligência.

- **inteligência corporal/cinestésica:** presente naqueles que possuem habilidade para usar o corpo, ou parte dele, como forma de expressão, bem como para usar ferramentas e trabalhar os elementos da motricidade. Dançarinos, músicos, cirurgiões, atletas, atores e artistas plásticos são alguns exemplos.

- **inteligência intrapessoal e interpessoal:** cada uma delas pode aparecer em intensidades diferentes no mesmo indivíduo. A intrapessoal tem a ver com o autoconhecimento, em termos de potenciais e limitações, o que facilita alcançar determinados objetivos; já a interpessoal se relaciona com o entendimento das intenções, problemas e desejos dos outros e, portanto, tem a ver com empatia, sendo muito útil para trabalhar com pessoas. É marcante em psicólogos, professores, sacerdotes, políticos, etc.

- **inteligência naturalista:** é marcante naqueles que têm acentuada capacidade para discernir, identificar e classificar plantas, animais ou fenômenos naturais, como biólogos, veterinários, naturalistas, agrônomos, geólogos, etc.

- **inteligência existencial:** embora tenha sido proposta posteriormente, e ainda não seja totalmente aceita no meio acadêmico (existindo como uma possibilidade, pois não é suportada pela prova empírica), refere-se à inteligência de refletirmos sobre grandes questões, como vida e morte, percepção da realidade e sentido de nossa existência. É apurada em líderes espirituais, filósofos, etc.

A compreensão dessas inteligências é deveras importante para mostrar que podemos ser bons em algumas coisas, e não tão bons em outras, mas que todos somos capazes em algo diferente, e é desse modo que nos completamos coletivamente.

Devemos, então, estar atentos a dois passos: a individuação, que significa ensinar a cada indivíduo de modo que ele possa aprender facilmente; e a pluralização, que significa ensinar assuntos impor-

Educação

tantes de diferentes maneiras, permitindo alcançar mais estudantes, afinal, alguns aprendem melhor através de contos, outros da lógica, outros, ainda, por meio de trabalhos artísticos, e assim por diante.

Assumo sempre, em meus cursos, o desafio de aplicar uma proposta pedagógica ousada, com diversos meios de estímulo às múltiplas inteligências e à criatividade, de forma a mobilizar a atenção e dar significado ao conhecimento que está sendo trabalhado. Obviamente não existe receita de bolo para isso, mas recomendo fortemente o estudo aprofundado de metodologias ativas como: PBL (Aprendizagem Baseada em Problemas), Estudo de Casos, TBL (Aprendizagem Baseada em Times), Gameficação, Sala de Aula Invertida, *Design thinking*, etc.

Cada vez mais, no meu entender, deve-se acentuar o papel do educador como curador e orientador, escolhendo o que é relevante, entre tanta informação disponível, e ajudando e orientando os alunos a encontrarem significado. Obviamente isso demanda preparo, boa remuneração e valorização do educador, o que, infelizmente, não é o que acontece na maioria das instituições de ensino.

Concluindo, parece oportuno dizer que, no médio e longo prazo, prevalecerão as instituições que realmente apostarem na educação com projetos pedagógicos que respondam às exigências do mundo competitivo em que vivemos, a partir da adoção de metodologias motivadoras, educadores inspiradores e valores de vida que façam sentido para as gerações que nos sucederão.

Inovações e ressignificações

27

Jogos empresariais: estímulo ao empreendedorismo

Este estudo tem como objetivo analisar a atuação do professor no despertamento dos discentes para a importância de desenvolver habilidades voltadas para o empreendedorismo, considerando as condições e o ambiente de ensino nas instituições, a formação e qualificação do professor, que muitas vezes interferem na qualidade da aprendizagem do discente, devido à metodologia do ensino tradicional e o desgaste do cotidiano

Silvana Herculano & Tania Araújo

Educação

Silvana Herculano

Bacharel em Administração (Unasp – São Paulo), licenciada em Sociologia (Faculdade São José) Pós-Graduação em Gestão de Pessoas (UNINOVE), professora de curso técnico, atuando na Etec da Zona Sul e Etec Jd Ângela desde 2011.

Contatos
herculan34@hotmail.com
(11) 97248-0542

Tania Araújo

Bacharel em Ciências Contábeis (Faculdade Costa Braga – São Paulo), licenciada em Contabilidade e Matemática (Centro Paula Souza e Faculdade São José) professora de curso técnico, atuando na Etec da Zona Sul e Etec Jd Ângela desde Julho/2010. Incentivadora e impulsionadora em Projetos Sociais e mediação de ensino aprendizagem.

Contatos
tania_contabeis@hotmail.com
(11) 98517-2391

Inovações e ressignificações

O PERFIL DO PROFESSOR EMPREENDEDOR

O professor é peça chave no processo ensino aprendizagem, porém, não é o detentor absoluto de conhecimento, pois com o rápido avanço da tecnologia ele precisa se reinventar a cada instante. A educação tem sofrido inúmeras inovações e mudanças de paradigmas, onde a tecnologia inserida na sala de aula traz o mundo para dentro da sala de aula em tempo real. Com isso, surge a necessidade dos professores se tornarem empreendedores. Além de aulas tradicionais surge a necessidade de desenvolver futuros profissionais que estejam em busca constante para solucionar e melhorar a área onde atuam, com um espírito inovador e criativo. Nesse ponto, a experiência de vida é importante para alinhar as práticas pedagógicas inserindo novidades de forma eficaz na sala de aula para solucionar problemas.

A palavra empreendedor tem sua origem no latim *Imprendere*, significando decidir, executar tarefa difícil e laboriosa. Posteriormente, a palavra evolui no francês para *entrepreneur*, significando "aquele que assume risco e começa algo novo" (DORNELAS, 2005, p. 9).

Para um bom resultado nessa metodologia, é importante destacar alguns fatores, sendo eles:

1 FORMANDO EMPREENDEDORES

Na educação profissional os professores possuem oportunidades constantes de criar nos alunos uma mente voltada para o empreender. Como professores, não podemos nos conformar em adotar posturas de meros reprodutores do conhecimento. Embora muitas vezes o sistema nos empurre a essa condição. Entretanto, seria medíocre se assim agíssemos, pois Cury (2003, p.60) afirma "Os professores fascinantes objetivam que seus alunos sejam líderes de si mesmos."

O professor emana uma influência poderosa sobre seus alunos, despertando sonhos, portanto, devemos usar essa influência positiva como afirma Cury (2003, p. 60)

Educação

> Que vocês sejam grandes empreendedores. Se empreenderem, não tenham medo de falhar. Se falharem, não tenham medo de chorar. Se chorarem, repensem a sua vida, mas não desistam. Deem sempre uma nova chance a si mesmos.

As escolas precisam acompanhar a mudança, até as igrejas se adaptaram aos tempos atuais. Porém, as salas de aula continuam as mesmas, não evoluíram, não se adaptaram. Os alunos chegam com uma tecnologia de ponta nas mãos através do celular e muitas vezes o professor não os compreende. Estamos amparados pela velha lousa (o escudo) e a espada (giz) para arrazoar sobre os assuntos pertinentes as demandas do mercado de trabalho, dos negócios e da vida em sociedade. Cada vez mais é necessário desenvolver nos discentes, as habilidades necessárias para que esses indivíduos possam ser competitivos. Uma forma bastante eficaz de prática de vivência com a realidade demonstrada pelo educador, são os jogos e dinâmicas.

2 APRENDIZADO POR MEIO DE JOGOS E DINÂMICAS

A educação ainda é muito teórica por causa da estrutura das unidades de ensino ou pela falta de investimentos dos governos em educação. Além de contar com a ausência de projetos para modernização das práticas pedagógicas que estejam alinhadas com a pratica do dia a dia das áreas do conhecimento. Como professores precisamos fazer isso nos instrumentos de jogos e dinâmicas com nossos alunos, conforme afirma SILVA E GONÇALVES, 2010 (apud Silva, 2015)

> É com a prática dos jogos e das brincadeiras que as crianças ampliam seus conhecimentos sobre si, sobre os outros e sobre o mundo que está ao seu redor. Desenvolvem as múltiplas linguagens, exploram e manipulam objetos, organizam seus pensamentos, descobrem e agem com as regras, assumem papel de líderes e se socializam com outras crianças.

3 A DINÂMICA DA EMPRESA DOMINOX S. A

Essa dinâmica foi extraída de uma compilação denominada Coletânea de Dinâmicas, que não contém identificação dos autores no material. Abaixo a dinâmica será retratada exatamente como descrita na coletânea.

Inovações e ressignificações

3.1 Cenário

Vocês (alunos) agora representam a Empresa DOMINOX S.A., trata-se de uma empresa especializada na fabricação e exportação de "jogos de dominó". A empresa nos últimos dez anos dominou o seu mercado, mas nos últimos seis meses, estão surgindo concorrentes. Vocês necessitam de uma "saída" para a conquista de novos clientes.

3.2.1 Sua tarefa consiste

Compor o organograma da Empresa, levando em conta os "funcionários" disponíveis (o próprio grupo). b) Elaborar um "Plano de Trabalho". c) Construir um protótipo de um jogo de dominó, que será apresentado a um grupo de compradores de grande potencial. d) Os itens "a" e "b" deverão ser apresentados, no final, juntamente com o jogo pronto. Observações: 1. Este grupo está disposto a fazer um alto investimento, inclusive com possibilidades de exportação, mas, é muito exigente e já visitou o seu concorrente. Esses compradores esperam encontrar algo diferente na visita em sua empresa, pois dinheiro não é o problema. 2. O líder do grupo será o responsável direto pela execução ou não do projeto, para o quê, deverá ou poderá usar da sua autoridade.

3.3 Metodologia da dinâmica

Para fins de adequação foram feitas algumas adaptações e acréscimos destinados as tarefas que seriam desenvolvidas pelos alunos. Entre elas, desenvolvimento de dois jogos (baralho, domino, xadrez, dama e em alguns casos os alunos devem criar jogos que outras turmas ainda não desenvolveram para evitar cópias do produto de uma turma anterior), tabela de cargos e salários, solicitação dos preços de venda e custos de frete. Além de uma análise SWOT, a presença de um professor convidado para fazer o papel do exportador e a divisão da sala em duas equipes, dependendo da situação até mesmo em três equipes quando o número de alunos está em torno de 40 pessoas para não termos equipes muito grandes.

A sala é dividida em três equipes e farão concorrência entre si e são desafiadas a desenvolver um produto inovador, nessa tarefa é possível aplicar a interdisciplinaridade. Contudo, os discentes têm

Educação

a oportunidade de desenvolver habilidades que serão essenciais no mercado competitivo e globalizado, pois eles têm a incumbência de superar um produto que ainda não viram. A equipe vencedora recebe a menção máxima e recebe a premiação com caixas de bombons que será dividida entre seus integrantes. As demais equipes recebem uma menção satisfatória e um prêmio de consolação.

Os alunos estão num cenário de reconstrução de uma empresa em funcionamento, eles precisam pensar na empresa de dentro para fora e encarar o desafio como empreendedores para que possam superar seus concorrentes. Essa é uma forma bastante eficaz para inserir os alunos do ETIM de Administração e Contabilidade no mundo dos negócios e do trabalho já que os mesmos não possuem experiência profissional.

As equipes precisam gerir o tempo da execução e apresentação da tarefa que em média são de três horas de duração. Por volta de duas horas e quarenta e cinco minutos eles preparam a sala para dar início a apresentação do protótipo do jogo ao investidor.

3.3.1 Metodologia

Também foram realizadas pesquisas bibliográficas e discussão entre as autoras do projeto. O período para aplicação desta dinâmica ocorreu em um período de aproximadamente um ano, envolvendo em torno de 20 equipes da ETEC Jardim Ângela, CEU Vila do Sol e ETEC Zona Sul.

Foi realizada uma feira de negócios voltada para o marketing das empresas criadas pelos alunos do ETIM da ETEC Jardim Ângela dos cursos de Administração e Contabilidade para a exposição dos produtos desenvolvidos na comunidade escolar. Essa feira teve o intuito de retratar o ambiente de negócios que ocorrem nas Expo espalhadas pela cidade de São Paulo.

CONSIDERAÇÕES

Os resultados obtidos na aplicação da dinâmica consistiram na percepção dos discentes em relação à importância da teoria atrelada a prática, a vivência com o mercado, a competitividade, trabalho em equipe, análise do ambiente interno e externo. Além do poder de negociação, identificação de líderes, o despertar do espírito empreendedor de forma individual e coletiva, inovação, criatividade e principalmente a constatação de que o aprendizado baseado em projetos é muito significativo na vida do discente e docente.

O desafio de ensinar alunos entre 14 e 17 anos, que nunca tiveram a vivência com o mercado de trabalho é gigantesco pois eles têm muita energia, pouca paciência e muitas horas de estudo durante o dia.

A dinâmica da Dominox foi utilizada como ferramenta para fornecer subsídios fundamentais quanto ao propósito da interdisciplinaridade, ao trabalho em equipe e principalmente o despertar o espírito empreendedor de cada aluno.

Referências
BIRLEY, Sue; DANIEL, F.Muzyka. *Dominando os Desafios do Empreendedor*. São Paulo: Editora Pearson, 2001.
CURY, Augusto Jorge. *Pais Brilhantes professores fascinantes: a educação de nossos sonhos formando jovens felizes e inteligentes*. Rio de Janeiro: Editora Sextante, 2003.
DOLABELA, F. *Oficina do empreendedor: a metodologia de ensino que ajuda a transformar conhecimento em riqueza*. São Paulo: Cultura, 1999.
DRUCKER, P. F. *Inovação e perfil empreendedor (Entrepreneurship): prática e princípios*. São Paulo: Pioneira, 1986.
PALADINI, Edson P. *Gestão estratégica da qualidade: princípios, métodos e processos*. São Paulo: Atlas, 2008.

Inovações e ressignificações

28

A deflagração da campanha: a partir de hoje vou ler e escrever mais e melhor

O presente capítulo destaca as motivações para o surgimento de uma campanha de incentivo à leitura junto a graduandos do Centro Universitário UniFTEC matriculados na disciplina Comunicação. Além das estratégias já empregadas nos encontros, tais como sarau e roda de leitura, foi necessária a introdução de um mecanismo que fizesse aumentar a adesão dos alunos à prática da leitura, tornando-a mais habitual

Tiago Pellizzaro

Educação

Tiago Pellizzaro

Doutor em Letras pela Associação Ampla UniRitter-UCS, Mestre em Letras pela UNISC na condição de bolsista integral da CAPES e graduado em Comunicação Social – Jornalismo pela FAMECOS-PUCRS. É Professor-Titular do Centro Universitário UniFTEC – Caxias do Sul, professor-conteudista de disciplinas do EAD da faculdade, com experiência nos ensinos presenciais, semipresenciais e a distância. Atua como professor-colaborador da FGV, ministrando a disciplina Comunicação Empresarial para a graduação em Administração. Em 2015 e 2016, suas turmas ficaram em primeiro lugar entre as mais de 20 instituições certificadas no país. É um dos autores de *Narrativas contemporâneas brasileiras em foco*, *Educação no plural: da sala de aula às tecnologias digitais* e *Novas narrativas para o ensino-aprendizagem*. Sua Tese de Doutorado *Engajamento e utopia na atuação-estético cultural* de Alessandro Buzo que foi indicada ao Prêmio CAPES de Teses, em 2016.

Contatos
tiagopellizzaro@uol.com.br
(54) 98431-1900

Inovações e ressignificações

É possível pensar na educação sem que a leitura se converta numa prática sistemática? Tenho a satisfação de citar dois dos professores mais relevantes de minha trajetória acadêmica: "quem não lê, está excluído dos bens culturais que a sociedade contemporânea tem a oferecer" (OLMI & PERKOSKI, 2005, p. 15). Mais: o exercício do direito à cidadania é inacessível a quem não lê, reforçam Alba Olmi e Norberto Perkoski (2005), uma vez que desconhecer – ou, antes, deixar de compreender – os sinais de trânsito, as leis e as notícias, entre outros elementos do cotidiano, prejudica a relação social entre os indivíduos, excluindo-os da participação política. Vale persistir na abordagem de Olmi sobre a leitura: lê-se para apreender o que um texto expressa, de modo que o leitor produza significados, isto é, construa sentidos ao interagir com o texto.

Em minha atuação docente, tem sido um desafio extremamente trabalhoso fazer com que os alunos desenvolvam o hábito de ler e assumam o protagonismo que essa atividade proporciona. Elegi, entretanto, algumas estratégias bem-sucedidas que pretendo compartilhar. No segundo semestre de 2016, realizei com as turmas de Comunicação do Centro Universitário UniFTEC, em Caxias do Sul, uma pesquisa com 156 matriculados que participaram do que chamo de "fase diagnóstica", aquela em que o professor identifica o perfil dos alunos para criar mecanismos de incentivo à leitura de que se pode lançar mão ao longo do semestre. Assim, 54,5% deles responderam que terminaram de ler ao menos um livro nos últimos três meses. Consideramos fundamental que a leitura de uma obra se concretize integralmente, uma vez que pode atenuar a superficialidade do conhecimento decorrente da falta de aprofundamento do assunto tratado na publicação. A única diferença entre a nossa pesquisa e a Retratos da leitura no Brasil (2016) é que exigimos a leitura completa da obra para conferir à pessoa o atributo de "leitor", enquanto a de nível nacional inclui na população leitora aqueles que leram um livro nos últimos três meses sem precisar concluí-lo, identificando, destarte, um contingente de 56% de leitores entre os 5.012 indivíduos entrevistados.

Educação

É claro que se pode indagar: e como deve ser categorizado o leitor não-eventual de jornais e revistas? Além disso, existe uma quantidade razoável de livros que possuem em torno de 70 páginas e que também acabam valendo para as estatísticas quando lidos por completo. Ler um livro de 350 páginas e ficar mais de três meses sem tomar contato com outra obra não é mais significativo do que terminar num trimestre um volume que não excede 80 páginas? Fica evidenciado que o critério utilizado na metodologia de investigação é passível de contestações e discordâncias plausíveis. Porém, volta-se ao princípio da complexidade da produção textual, que aumenta à medida que textos ricos em conteúdo e vocabulário são fruídos pelos leitores, como salientam Yellowlees Douglas e Samantha Miller (2016). Um livro tem a capacidade de ampliar o campo de ideias e explorar com mais percuciência aspectos da realidade humana que muitas vezes passam despercebidos, se comparado a mensagens, reportagens e outros gêneros textuais de menor extensão. Conforme as pesquisadoras, textos mais sofisticados estimulam o cérebro a trabalhar de modo mais fecundo, mormente quando o tema retratado na obra leva a descobertas edificantes. Como se não bastasse, a descontinuidade do ato de ler, também faz com que saberes antes armazenados na memória em função dessa estratégia de aprendizagem se dissolvam mais facilmente com o transcurso do tempo, pois, com a ausência da leitura, os indivíduos desperdiçam oportunidades de estabelecer relações com aquilo que conhecem.

Além disso, em nossa pesquisa perguntamos se os participantes haviam recebido incentivo de uma pessoa em especial para incorporar o hábito de ler em seu dia a dia. Do total de entrevistados, 26,3% atribuíram a um professor essa proeza, 22,3% consideraram-na fruto da automotivação e 16% indicaram as mães como principais responsáveis pelo estímulo à leitura. Somente 5% responderam não terem sido encorajados por ninguém a cultivar o amor pelos livros. Os resultados, portanto, corroboraram a importância que os professores têm na formação intelectual dos graduandos. Assim, comecei a planejar uma forma de trabalho que pudesse transformar a leitura em um objeto de preocupação coletiva. Por isso, acreditei na realização de saraus e de rodas de leitura. As periferias brasileiras estão dando uma lição memorável acerca da eficácia da "partilha do sensível" (RANCIÈRE, 2009) como instrumento capaz de recrudescer o número de leitores e escritores em nosso país. Conforme o testemunho de Sérgio Vaz, um dos

Inovações e ressignificações

criadores do Sarau da Cooperifa, "muita gente que nunca havia lido um livro, nunca tinha assistido a uma peça de teatro, que nunca tinha feito um poema, começou, a partir desse instante, a se interessar por arte e cultura" (2008, p. 13). Da mesma forma, a roda de leitura permite o compartilhamento de experiências sobre as obras lidas pelos alunos, fazendo com que todos se incluam à população dos leitores, visto que necessitam ler um livro em menos de três meses e comentá-lo em sala de aula em um encontro previamente combinado e reservado a esse fim, o que desperta a curiosidade dos colegas por experimentar o contato com novos títulos. Apesar das iniciativas adotadas, faltou a adesão de aproximadamente 25% dos estudantes.

Tanto a pesquisa como as referidas estratégias vinham sendo empregadas há quatro anos. A cada semestre, melhoramos a formulação das perguntas que integravam a pesquisa e tornamos os eventos mais atraentes, oferecendo a possibilidade da exibição de vídeos em que os alunos gravaram suas performances. Daí a opção pela divulgação somente do último resultado, porém o índice de adesão revelou-se praticamente o mesmo em relação aos semestres anteriores.

Penso que o saldo do que verifiquei até 2016 foi alentador. Não se pode menosprezar a participação de 75% dos estudantes nas atividades propostas. Sem a pesquisa, o sarau e a roda de leitura, provavelmente um decréscimo expressivo seria observável nessa estatística. Por outro lado, muito ainda se poderia avançar nessa empreitada. No primeiro semestre de 2017, mudei a pesquisa. Em vez de questionar sobre os hábitos de leitura, vali-me da Teoria das Inteligências Múltiplas, de Howard Gardner (1994), para conhecer melhor as habilidades dos alunos. Instados a avaliar a sua inteligência linguística, dos 143 participantes, 13 responderam que a classificavam como alta, 100 como média e 30 como baixa. Levando-se em conta a média ponderada – definindo-se peso 1 para inteligência baixa, 2 para média e 3 para alta –, o aproveitamento obtido foi de 62,7%. Das oito modalidades de inteligência apontadas por Gardner, a linguística ficou em 5º lugar. Portanto, ela ocupava uma posição razoável na percepção dos estudantes, havendo assim, um terreno fértil para a evolução do grupo. Ao encontro desse achado, tive ainda, o privilégio de ler uma obra intitulada Não é fácil ser jovem, do professor sul-coreano Rando Kim (2013). Vale destacar que a Coreia do Sul se transformou numa potência econômica pelo fato de se converter numa das maiores referências na educação. Segundo Kim, os jovens

Educação

revelam-se bastante indecisos quanto à profissão que desejam exercer e necessitam de conselhos profícuos para que desenvolvam a autonomia em busca da realização no trabalho e na vida pessoal. A principal lição que deixou em seu livro é que as ações para efetivar um propósito precisam começar no mesmo dia em que foi concebido. Procrastiná-las conduz à decepção.

Agora, faltava pouco para sacramentar a ideia que deflagraria mais uma ação de incentivo à leitura junto aos alunos. Ocorre que minha imersão no mundo do futebol por mais de uma década rendeu vivências enriquecedoras e inesquecíveis. Uma das pessoas mais respeitadas no Brasil, devido a sua liderança, retidão e bondade, é o técnico da nossa seleção, Adenor Leonardo Bacchi, o Tite. Não era consagrado ainda quando, em 1998, atuou como comentarista esportivo da Rádio Caxias, veículo de comunicação que me descobriu um pouco mais tarde e pelo qual empunhei o microfone como narrador, apresentador, comentarista e repórter. Todas as glórias que um técnico de futebol poderia alcançar no país o foram por Tite: campeonatos estaduais, campeonato brasileiro, Copa do Brasil, Copa Sul-Americana, Recopa Sul-Americana, Libertadores da América e Mundial de Clubes.

Em 2003, quando a delegação gremista já estava pronta para retornar à Capital gaúcha, após o confronto contra o Caxias, no Estádio Centenário, pelo Estadual, deparei-me com a porta do vestiário do time treinado por Tite entreaberta. Naquele momento, fui impelido pela minha intuição a entrar no local. Havia poucos objetos que precisavam ser recolhidos pelos funcionários do clube, e se eu retardasse em míseros quinze segundos aquela investida ocasional, meus olhos nada veriam, o que quer dizer que nenhum aprendizado eu conseguiria arquivar em minhas reminiscências. Mas eu vi. Eu vi uma espécie de cartaz colocado no centro daquele ambiente em cima de uma mesinha. Nele estava escrito em letras garrafais a expressão "Fazer por merecer". Ao redor dela, podia-se conferir a assinatura dos que integravam a viagem à Serra gaúcha. Aquele gesto confirmava o empenho de Tite como formador de equipes. Ele simbolizava a busca pela unidade do grupo. Ele comunicava que todos são importantes para o alcance de um objetivo geral. Ele ensinava que é preciso comprometer-se para que um sonho possa ser concretizado.

Era o que eu precisava resgatar para finalmente criar a campanha "A partir de hoje, vou ler e escrever mais e melhor". Foi a frase que redigi bem ao centro de uma folha A1. Ao redor dela, mais de 150 assinaturas foram coletadas, ou seja, 95% dos alunos tomaram parte daquela iniciativa. A cada semana, afixei a folha ao lado do quadro branco para que operasse como um cartão de enfrentamento àqueles que se comprometeram com essa causa. No mesmo dia, vi alunos acorrendo para a biblioteca. Alguns me disseram que passaram a ler antes de dormir. Outros, que estavam recheando os livros com suas inferências assinaladas nas bordas das páginas. Kevin Andriw Casagrande destaca que se sentiu comprometido, que viu a campanha como uma ação motivadora e que também por causa dela comprou mais livros. Iran Vargas Cardoso afirma que adquiriu maior conscientização sobre a importância da leitura e, com isso, animou-se a ler jornais e a pesquisar com mais frequência. Gianni Maschio Morandi confessa que lia pouco e que gostava de assistir a filmes. Depois da campanha, passou a interessar-se por ler primeiro a obra literária para depois comparar com a cinematográfica. Matheus Orlandi Barbosa testemunha que encarou a missão de lançada pela campanha como um desafio e que, com a motivação desencadeada pela campanha, de fato, está escrevendo mais, tanto é que adotou cadernos da Moleskine para fazer apontamentos diários. Anne Catherine Schneider avalia que, a partir do envolvimento com a campanha, voltou a ler mais e que agora tem mais facilidade para escrever. Giovana da Rosa comenta que ficou com mais vontade de ler, que tem bastantes livros em casa e que percebeu a campanha como um estímulo, e não como uma imposição. Nadi Merlo entendeu que não deveria assinar por assinar o cartaz da campanha. Ao contrário, assimilou aquela ação como algo que requeria muita responsabilidade e tem lembrado permanentemente do compromisso que assumiu a partir daquela aula. No final, 85% dos alunos acabaram aderindo à roda de leitura. Portanto, certamente outras medidas devem ser instituídas com vistas a um resultado mais satisfatório, como criar deixas para que a leitura seja rotineira (DUHIGG, 2012), por exemplo, podem fazer um chamamento coletivo para que cada estudante se engaje rumo à excelência individual pode surtir efeito.

Referências
DOUGLAS, Yellowlees; MILLER, Samantha. *Syntactic and lexical complexity of reading correlates with complexity of writing in adults*. In: International Journal of Business Administration. Toronto, v. 7, n. 4, p. 1-10, 2016.
DUHIGG, Charles. *O poder do hábito: por que fazemos o que fazemos na vida e nos negócios*. Rio de Janeiro: Objetiva, 2012.

Educação

GARDNER, Howard. *Estruturas da mente: a teoria das inteligências múltiplas*. Porto Alegre: Artmed, 1994.
INSTITUTO Pró-Livro. *Retratos da leitura no Brasil* – 4ª Edição. Março/2016.
KIM, Rando. *Não é fácil ser jovem: como descobrir o seu potencial, lidar com as incertezas e ir em busca dos seus sonhos*. Rio de Janeiro: Sextante, 2013.
OLMI, Alba; PERKOSKI, Norberto. *Leitura e cognição: uma abordagem transdisciplinar*. Santa Cruz do Sul: EDUNISC, 2005.
RANCIÈRE, Jacques. *A partilha do sensível: estética e política*. São Paulo: EXO experimental org; Editora 34, 2009.
VAZ, Sérgio. *Cooperifa: antropofagia periférica*. Rio de Janeiro: Aeroplano, 2008.

Inovações e ressignificações

29

Afetividade e cognição: o desejo de aprender

Em relação à educação, a afetividade é essencial para desenvolver a inteligência e determinar os gostos e necessidades de cada indivíduo de forma única. Já a cognição é a maneira de adquirir conhecimento com base no raciocínio. Em palavras resumidas, é a forma que o nosso cérebro processa as informações. Ou seja, o jeito que nós aprendemos

Valéria TReis

Educação

Valéria TReis

Mestre em Psicologia pela Universidade Gama Filho. Graduada em Pedagogia (Licenciatura Plena com Habilitação em Administração Escolar e Orientação Educacional) pela Faculdade de Educação Osório Campos, com Especialização em Psicopedagogia Clínica-Institucional pela ABEU Faculdades Integradas. *Coach* certificada pela Escola de Heróis - Diogo Hudson. Participante do Programa Master Mind International, com a coach Rita Zózimo - membro certificada da Equipe John Maxwell - JMT University. Participante do Programa Profissão Coach do Geronimo Theml. Membro da Irmandade Coaches on Fire - Abracoaching. Diretora Substituta da Abeu Colégios. Gestora de Unidade da Abeu Colégios. Experiência como Gestora da UNIABEU - Centro Universitário. Professora do curso de pós-graduação "lato sensu" da Universidade Iguaçu. Professora contratada do Instituto Superior de Educação do Rio de Janeiro - ISERJ e Professor III da UNIABEU - Centro Universitário. Orientadora de TCC do Curso de Especialização Tecnologias em Educação (CCEAD) – PUC. Professora do Curso EAD de Pedagogia da Universidade Castelo Branco.

Contatos
www.valeriatreis.com.br
contato@valeriatreis.com.br
Facebook: valeriatreis
Instagram: valeriatreis.ms
(21) 98845-5749

Inovações e ressignificações

Até que ponto sentimentos influenciam no aprendizado? Existe uma maneira de separar o racional do emotivo, quando o assunto é aprendizagem? A seguir, explicação destes termos e como eles influem no processo de aprendizagem.

A relação da afetividade cognição sabe-se que é muito complicada de se definir. Enquanto alguns dizem que elas devem ser lidadas de forma separadamente, muitos dizem que não é possível dissociar as duas.

A pergunta que fica é: há conhecimentos somente cognitivos e há conhecimentos exclusivamente afetivos?

Se você responde sim para esta pergunta. Significa que acredita na possibilidade de separar o lógico do emocional e que o raciocínio humano pode ser entendido sob duas vertentes diferentes.

Se a resposta é não - entende-se que não há como dissociar a razão da emoção e que essas duas etapas do raciocínio estão interligadas, de forma que uma necessita da outra para a conclusão do processo de aprendizado.

A resposta para este questionamento é bem clara, para a obtenção de conhecimento é necessário a união de afetividade e cognição. Não há como separar o ato de aprender em duas partes e trabalhá-los de forma segmentada.

Para entender melhor a ligação entre afetividade e cognição destaca-se alguns importantes pressupostos. Confira:

• A afetividade e cognição são duas coisas diferentes, porém não existem de forma separada. Ambas sempre devem ser entendidas em conjunto para uma maior percepção do que é aprendizado. Não existem ações somente afetivas, assim como, da mesma forma não existem ações baseadas somente na cognição.

• A afetividade interfere, a todo o momento, no processamento da inteligência. E esta interferência ocorre de diversas formas, seja como ações de estímulo, retardo ou, até mesmo, aceleração.

• A afetividade não muda a cognição, ela age como o elemento energético, o que dá vida às ações cognitivas de um indivíduo.

Educação

Consideradas dois fatores dissociáveis, a afetividade e cognição precisam e devem ser entendidas como um todo para a real percepção do que é aprendizagem e do entendimento do comportamento humano.

Além disso, a afetividade, em relação à aprendizagem infantil necessita de três aspectos funcionais para que aconteça. Esses fatores são extremamente necessários para ativação do desenvolvimento infantil. São eles:

Emoção: a ligação entre físico e cultural. Compõe as atitudes de fáceis percepções através das expressões corporais. As emoções dão estímulo a cognição, que por sua vez realiza mudanças que diminuem a intensidade deste sentimento.

Sentimento: é a representação da afetividade, sem necessariamente se relacionar diretamente com a emoção. O sentimento controla a emoção e os adultos tem maior facilidade em expressá-los da forma correta, as crianças não.

Paixão: é o surgimento do autocontrole para dominar alguma situação e quando o indivíduo manipula as situações de forma que elas atendam às suas necessidades de afetividade no momento.

O desenvolvimento da cognição, ou seja, o aprendizado, tem início a partir dos nossos primeiros dias de vida. O pensamento do bebê é estruturado com base em estímulos sensoriais. Este desenvolvimento se aprimora aos poucos, a partir do controle das emoções e impulsos.

O desenvolvimento cognitivo é criado durante os primeiros 15 anos de vida de uma pessoa e pode ser dividido em diversas fases. Como você pode ver a seguir:

1ª fase do processo cognitivo: sensório motor. Esta fase dura do nascimento da criança até os 2 anos de idade. Nela a criança obtém conhecimento do mundo a partir do toque. Ela exerce ações e observa as reações

2ª fase do processo cognitivo: pré-operatório. É a fase em que a criança tem seus primeiros contatos com a linguagem, uma forma de representar o mundo em que ela vive. Ela também pensa de forma intuitiva e totalmente egocêntrica. Essa fase dura dos 2 aos 6 anos de idade.

3ª fase do processo cognitivo: operatório concreto. A fase que dura dos 7 aos 11 anos é caracterizada pela presença de estímulos concretos para a elaboração de pensamentos abstratos.

Inovações e ressignificações

4ª fase do processo cognitivo: operacional formal. O operacional se concretiza através da linguagem. As soluções são encontradas por meio de hipóteses levantadas pelo raciocínio. Esta fase compreende os 11 anos de idade.

Seguindo essa corrente de pensamento, o indivíduo atinge o pico do seu desenvolvimento cognitivo aos 15 anos. Que é quando ocorre total interação entre o sujeito e o objeto.

Dessa forma, entende-se que o ato de aprender é a relação de duas vertentes que não se desligam, a razão e a emoção. O conhecimento é ao mesmo tempo cognitivo e afetivo.

Uma forma de facilitar o entendimento é que realizar uma ação envolve no primeiro plano o pensamento, a parte cognitiva; e para a sua efetivação ela usa o aspecto afetivo. Ou seja, o cognitivo cria e o afetivo coloca em prática.

O processo de desenvolvimento

Na medida que o indivíduo interage com o meio, ele aumenta a sua capacidade de conhecimento e produz o seu próprio conhecimento. Mesmo que as pessoas sejam diferentes, as etapas de desenvolvimento são idênticas e se traduzem em uma sequência necessária.

De forma bem resumida, através das informações que a pessoa adquire, ela possui potencial de aprendizagem, mesmo que o processo de desenvolvimento não esteja completo. São os conhecimentos ainda não absorvidos, mas que podem ser atingidos.

O desenvolvimento, segundo vários pesquisadores, possui diversas fases comuns a todas as pessoas, são elas:

• **Impulsivo:** o primeiro ano de vida da criança, quando a afetividade é responsável pelos atos do bebê. Ela quem determina as suas ações perante outras pessoas.

Neste estágio a criança começa a se expressar através de movimentos não ordenados para exigir as suas necessidades básicas. No final desse período a criança já começa a se identificar como um ser único.

• **Projetivo:** de 1 a 3 anos de idade: é o período em que a criança aprende a manipular objetos. Também é nesse período que ela tem o primeiro contato com a linguagem e começa a usar os gestos para exprimir suas necessidades.

Educação

É a fase da exploração. Nesse estágio, a criança sente necessidade em descobrir coisas, inclusive seu corpo e ela também começa a demonstrar interesse em se socializar com as pessoas ao seu redor.

• **Personalismo:** esta fase vai dos 3 aos 6 anos de idade da criança. Durante esses anos, o pequeno desenvolve a sua consciência em relação à sociedade em que está inserida.

Esta fase em especial compreende três fases distintas:

• **Oposição:** quando a criança não concorda com o outro para buscar se auto afirmar. Ela confronta, pois sente necessidade de afirmar a sua independência.

• **Sedução:** quando a criança gosta de exibir as suas habilidades, principalmente motoras, com o propósito de atrair a atenção das pessoas e receber a aprovação pelos seus feitos. Quando não se sente aprovada, tem contato com a decepção pela primeira vez.

• **Imitação:** nesta fase a criança copia gestos e atitudes das pessoas. E tem dois significados ou admiração destas pessoas ou a vontade de anular estas pessoas.

Durante todo o personalismo a afetividade é o foco principal do desenvolvimento da criança. O que possibilita que ela se veja como um ser ímpar em relação ao mundo em que ela vive.

• **Categorial:** estágio dos 6 aos 11 anos. Nesta fase a criança realiza o seu progresso intelectual para a compreensão do mundo do qual faz parte.

• **Predominância funcional:** última fase do desenvolvimento. É uma fase complexa, pois nela há uma reorganização de toda a personalidade do indivíduo.

Afetividade e cognição: O papel do educador e da escola

A escola é o primeiro agente socializador com que nós temos contato, após o apoio familiar para o desenvolvimento do conhecimento, é necessário um ambiente favorável que adote as percepções dos alunos.

Neste local, o professor tem papel fundamental, ele deve ser quem nos ensina a ter uma visão social e crítica da realidade. Um bom professor deve saber ouvir os seus alunos e perceber a melhor forma e momento de se aproximar.

Confira algumas formas que os educadores têm de trabalhar a afetividade e cognição:

• É visível que no início do processo de aprendizagem, quando uma criança gosta do professor, é porque ele demonstra qualidades sentimentais que vão além do que poderia ser ensinado na sala de aula. Tais como, vontade, paciência, dedicação, entre outras qualidades.

- Por outro lado, educadores autoritários são vistos com maus olhos pela criança e qualquer contato com o objetivo cognitivo será repelido por ela. A criança associa os seus sentimentos que sente pelo educador a disciplina que ela leciona.
- O professor também deve se mostrar imparcial na relação que estabelece com os alunos, nenhuma criança deve se sentir superestimada ou perseguida por ele, pois este é outro fator que impacta negativamente no aprendizado.
- É mais importante instigar as crianças a descobrir por si mesmas, do que oferecer a elas conceitos prontos. A resposta direta deve ser evitada ao máximo. Estimule a criança a buscar conhecimento sozinha.
- O professor deve manter a sua serenidade. Demonstrar conflitos pessoais não é o adequado para trabalhar com sucesso a afetividade e cognição. Por isso, não perca o controle perto dos pequenos.
- Ter uma visão ampla dos seus alunos é uma das tarefas do professor, é necessário ver os alunos como seres humanos único e complexos, não como seres frágeis e de simples compreensão.
- O professor deve aprender a identificar os sentimentos dos seus alunos. Por isso, é necessária muita atenção a suas expressões para identificar possíveis problemas, que eles estejam tentando esconder.
- O professor deve ter liberdade de entrar em contato com a coordenação pedagógica ou recorrer a especialistas quando perceber que algo não vai bem com um dos seus alunos.
- Educadores não devem ser moralistas. Devem evitar ao máximo esse tipo de assunto na sala da aula. O educador não pode impor ideais baseados no que ele considera certo ou errado às crianças.
- Alguns alunos precisam de muito mais apoio do que outros. Caso um professor identifique casos muito graves, como abusos, uso de ilícitos ou maus-tratos ele deve reportar isso ao Conselho Tutelar.

Considerações finais sobre a relação entre afetividade e cognição
Realmente pode parecer estranho dizer que os sentimentos humanos devem ser abordados na sala de aula. E para alguns, até impossível, mas nada que uma abordagem diferente do tradicional não consiga realizar.

Os educadores devem pensar em formas de aproximar o cotidiano com o científico. De modo que a educação escolar seja mais atraente para os alunos e não vista como uma obrigação difícil de concluir.

Educação

A efetividade e a cognição devem ser respeitadas para o oferecimento de um ensino de qualidade e efetivo, que leve em consideração as percepções individuais dos alunos.

A escola não deve se preocupar somente com a qualidade das informações que ela repassa aos seus alunos. Ela deve ter interesse em repassar isso da forma correta aos alunos.

Os conteúdos devem ter significado e sentido para que sejam aproveitados totalmente pelos alunos.

Devem ser quebradas as barreiras atuais dos conceitos de Educação e considerar, principalmente as crianças, seres completos com necessidades individuais e exclusivas.

Respeitando a afetividade e cognição deve se ter consciência que a escola é a extensão da família da criança. Por isso, leva em consideração não somente o aprendizado lecionado, como também a afetividade das crianças.

Trabalhando de forma correta os conceitos de afetividade e cognição, será possível uma educação mais humana e centrada no que realmente importa: aprendizagem e desenvolvimento e qualidade em consideração com a individualidade dos sujeitos.

Referências
CHALITA, Gabriel. *Educação: a solução está no afeto*. São Paulo: Gente, 2001.
CRAVIEE, Valdenice. *A Afetividade no processo de aprendizagem*. Revista Fundação Aprender. Disponível em: <http://revista.fundacaoaprender.org.br/?p=84.> Acesso em: 16 de out. de 2017.
DANTAS, Heloysa. *A afetividade e a construção do sujeito na psicogenética de Wallon*. In:DE LA TAILLE, Piaget, Vygotsky e Wallon: teorias psicogenéticas em discussão. São Paulo: Summus, 1992.
NEVES, Regiane Souza. *O Desenvolvimento Cognitivo*. Meu Artigo, Brasil Escola. Disponível em: <http://meuartigo.brasilescola.uol.com.br/educacao/o-desenvolvimento-cognitivo.htm>. Acesso em: 16 de out. de 2017.
OLIVEIRA, M. K. *O problema da afetividade em Vygotsky,* em La Taille, Y., Dantas, H., Oliveira, M. K. Piaget, Vygotsky e Wallon: teorias psicogenéticas em discussão. São Paulo: Summus Editorial Ltda, 1992.
SALTINI, Cláudio J. P. *Afetividade & inteligência*. 4 ed. Rio de Janeiro: DP&A, 2002.
UFRGS. *Afetividade e inteligência*. Disponível em: <https://www.ufrgs.br/psicoeduc/piaget/afetividade-e-inteligencia/> Acesso em: 15 de out. de 2017.
VYGOTSKY, L. S. *Pensamento e Linguagem*. São Paulo: Martins Fontes, 1993.
VYGOTSKY, Lev Semenovich. *A formação social da mente*. São Paulo: Martins Fontes, 1984.
WALLON, H. *Afetividade e aprendizagem – Contribuições de Henry Wallon*. São Paulo: Edições Loyola, 2007.